何もしたくない日でも、無性に食べたくなる。

ささ〜っとラク麺&だーっとかけ丼170

瀬尾幸子

もくじ

この本での約束ごと

・1カップは200㎖、大さじ1は15㎖、小さじ1は5㎖です。大さじはカレースプーン、小さじはティースプーンでも代用できます。
・「ひとつまみ」とは、親指、ひとさし指、中指の3本で軽くつまんだ量のこと。
・ごはんは、温かいものを用意してください。茶碗に大盛り1杯分＝250gです。
・オリーブ油は「エキストラ・バージン・オリーブオイル」を使っています。
・「2倍濃縮」のめんつゆを使う場合は、めんつゆの分量を1.5倍、水の分量を0.8倍を目安に加減し、必ず味をみて調整してください。
・だし汁は、昆布、かつお節、煮干しなどでとったものを使ってください。和風の顆粒だしを湯で溶いたものでもOKです。
・電子レンジの加熱時間は、600Wのものを基準にしています。500Wの場合は1.2倍の時間を目安にしてください。機種によっては、多少差が出ることもあります。

コラム❶

作らない薬味

白すりごま

気分を変えたい時は、ごまだのみ。いりごまよりすったほうが、香りがいい。

塩昆布

塩けとうまみがあり、うどんやそばはもちろん、パスタにもよく合う。

白菜キムチ

辛味が欲しい時に。釜揚げうどん（p.32）の薬味として加えても。

味つきザーサイ（びん詰）

中華風のものに限らず、和風の麺にもおすすめ。味にぐんとコクが出る。

万能ねぎ

どんな麺にも合う、本当に万能なねぎ。小口切りにして冷蔵・冷凍保存しておくと重宝する。

オイルサーディン

ボリュームが足りない時に。猫飯そうめん（p.6）にのせても美味。

ちりめん山椒

これもボリュームアップさせたい時に。香りと歯ごたえもよくなる。

高菜漬け

塩けと香りがアクセントに。このほか、漬けものはどれも麺に合う。

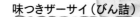

何もしたくない日の超かんたん麺

鍋に湯を沸かし、
麺だけゆでれば、もうおしまい。
あとは、ちょこっと具をのせたり、
しょうゆをかけたり、バターでささっとあえるだけ。
これならどんなに「ものぐさ」な気分の日でも、
ラクラク作れます。

「ものぐさマーク」の見かた

この本でご紹介している麺は、どれも簡単なものばかりですが、どうしようもないくらいに簡単なもの⇒1つ、普通に簡単な麺⇒2つ、作り方は簡単でも、ちょっと材料が多くて刻む手間などがかかるもの⇒3つとしました。食べたい麺に加えて、その日の気分で選ぶ際の参考にしてください。

…超簡単

…簡単

…ちょっとだけ手間がかかります

猫飯《ねこめし》そうめん

猫飯のそうめん版です。学生の時に読んだエッセイの中に、こんなそうめんが載っていました。万能ねぎと削り節を多めにすると、けっこううまいですよ。そうめんは熱々の状態で混ぜたいので、ゆでた鍋に戻してあえます。ごま油を少したらすと、麺がほぐれやすくなります。

●材料（1人分）
そうめん … 2束（100g）
削り節 … ½ パック（2g）
万能ねぎ（小口切り）… 6本分
□しょうゆ、マヨネーズ

そうめんはたっぷりの熱湯でゆでる。

ざるに上げてしっかりと湯をきり、すぐに熱々の鍋に戻す。

鍋にしょうゆ小さじ1強、マヨネーズ小さじ2〜大さじ1、削り節を加える。

手早く混ぜて器に盛り、万能ねぎをたっぷりのせる。好みで七味唐辛子をふってもいい。

釜玉うどん

「麺2玉に、卵1個」というのが、釜玉の黄金率。麺1玉に卵1個では多すぎるので、卵の濃いところだけ頂戴して、卵黄1個で作ります。熱々を食べるのがいちばんのポイントなので、どんぶりも必ず温めてください。

●材料（1人分）
うどん（冷凍）… 1玉
卵黄 … 1個分
万能ねぎ（小口切り）… 2本分
削り節 … 1/4 パック（1g）
□しょうゆ

うどんは凍ったまま、たっぷりの熱湯でほぐれるまでゆでる。

どんぶりの上でうどんをざるにあけ、うどんのゆで汁でどんぶりを温める。うどんの湯をしっかりときる。

どんぶりの湯を捨てて（熱いので注意）、うどんを入れる。

卵黄、万能ねぎ、削り節をのせ、しょうゆ小さじ2くらいを回しかける。熱々のうちに混ぜていただく。

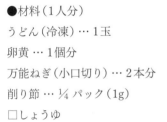

素《す》スパゲッティ

これ以上シンプルな食べ方はない、というくらい、シンプルなスパゲッティです。バターを香りのよいオリーブオイルに替えてもおいしいです。「ゆでたてのスパゲッティをアルデンテで食べる」ということが一般的になってきたのは、48年前くらいじゃないかと思います。それまでは、ゆでておいたスパゲッティをフライパンで炒めて作るのが一般的でした。

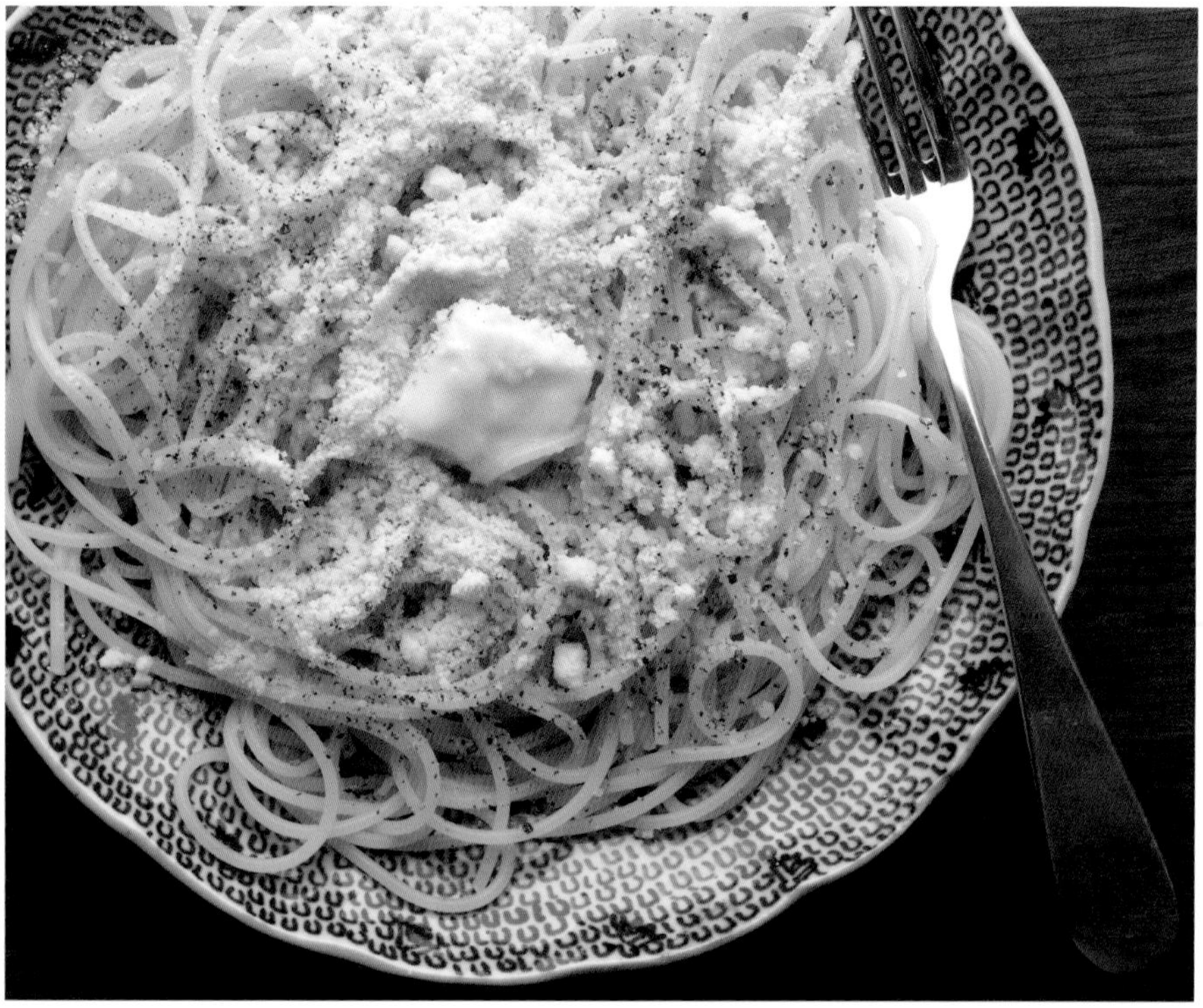

●材料(1人分)

スパゲッティ … 100g

パルメザンチーズ(すりおろす) … 大さじ3

□塩、バター、粗びき黒こしょう

スパゲッティは塩を加えた熱湯でゆでる(湯2ℓに対して塩大さじ1強)。ざるに上げて湯をきり、湯で温めておいた(これポイント)器に盛る。

バター大さじ1をのせ、黒こしょう少々、パルメザンチーズをふり、混ぜていただく。

塩昆布バタースパゲッティ

塩昆布はちょっと上等なものを使うと、上品なうまみが出ます。しょうゆをちょっぴりたらした大根おろしを一緒に食べると、さっぱりといただけますよ。

●材料（1人分）
スパゲッティ … 100g
塩昆布（細切り）… 大さじ $1\frac{1}{2}$
大根おろし … $\frac{1}{2}$ カップ
青じそ（せん切り）… 4枚分
□塩、バター

●作り方
スパゲッティは塩を加えた熱湯でゆで、ざるに上げて湯をきり、熱々の鍋に戻す。

↓

バター大さじ1、塩昆布を加えて混ぜ、器に盛る。軽く水けを絞った大根おろし、青じそをのせ、混ぜていただく。大根おろしにしょうゆ少々をたらしてもいい。

ゆかりバタースパゲッティ

ゆかりはおにぎりのほか、いろんな使い方ができます。ゆでたお肉にまぶしたり、お寿司の風味づけに使うと、食欲のない時でも食が進みます。このスパゲッティ、鶏ささみの酒蒸しや、しらすを加えてもおいしいです。

●材料（1人分）
スパゲッティ … 100g
ゆかり … 小さじ 2
□塩、バター

●作り方
スパゲッティは塩を加えた熱湯でゆで、ざるに上げて湯をきり、熱々の鍋に戻す。

↓

バター大さじ1、ゆかりを加えて混ぜ、器に盛り、好みでしょうゆ少々をかけていただく。

粘る冷やしそば

粘るものはなんだか元気が出そうで、夏のおそばにぴったりです。長いもは消化がよく、またすりおろしていないので、しゃきしゃきとした歯ごたえも楽しめます。のり、削り節、揚げ玉など、お好みの薬味を加えてみてください。

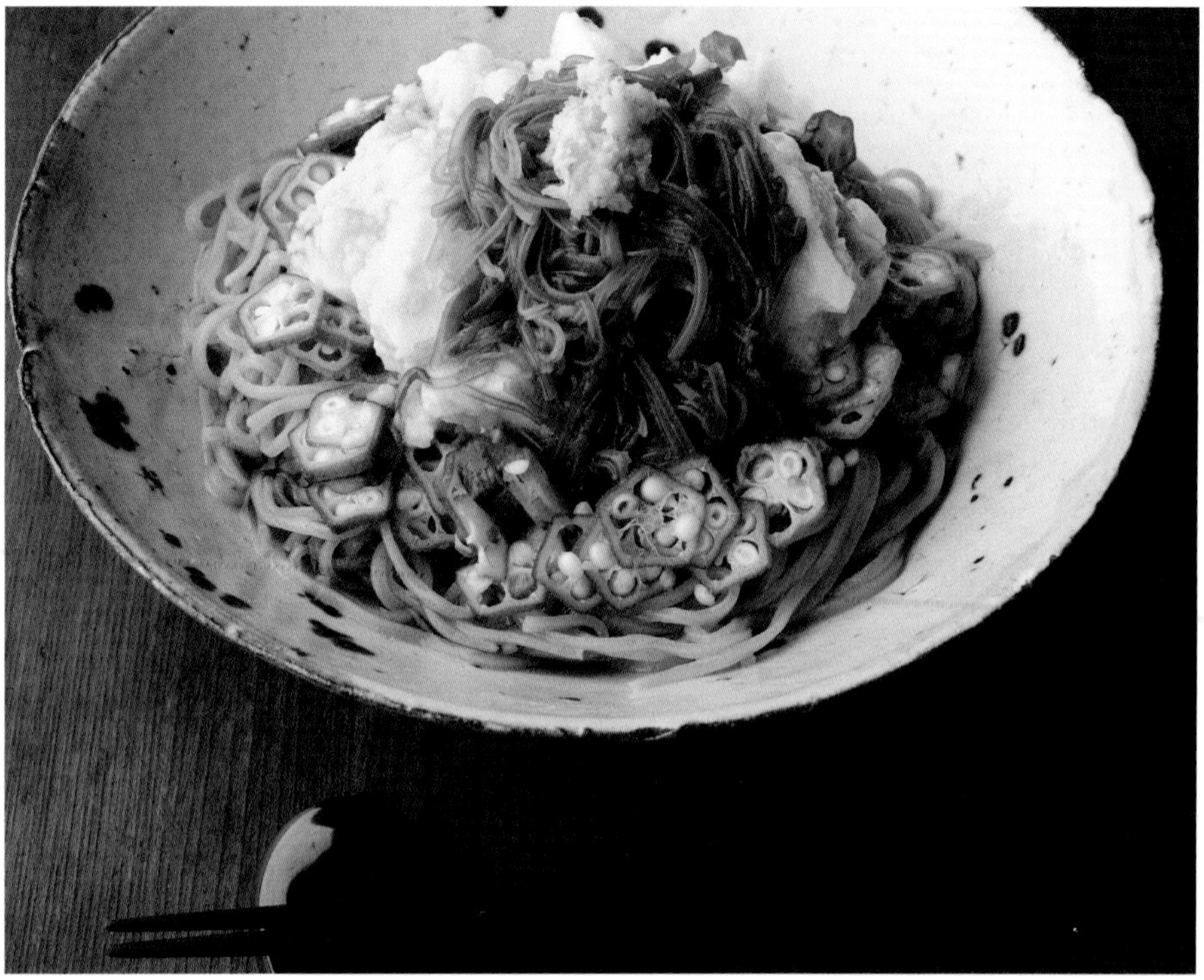

●材料（1人分）

そば（乾麺）… 1束（100g）
長いも … 6cm
オクラ … 4本
めかぶ … 1パック（50g）
しょうが（すりおろす）… 小さじ1
市販のそばつゆ（ストレート）… 70ml
□塩

そばつゆ
かつお節問屋さんがこだわりのだしで作った、「本枯本節二年物　蕎麦つゆ」。ストレートタイプ。
(問)マルサヤ
0120-24-0383　＊携帯電話からは不可
☎03-3742-2266（平日9:00〜17:00）
https://www.marusaya.co.jp

長いもは皮をむき、ポリ袋に入れ、すりこ木などでたたいてつぶす。1cm角くらいのかたまりが少し残っているくらいでOK。

オクラは塩少々でもんでうぶ毛をとり、流水で洗う。ヘタを落として小口切りにする。

そばはたっぷりの熱湯でゆで、ざるに上げて冷水で洗い、水けをきって器に盛る。

オクラをのせ、ポリ袋の底を少し切って長いもを押し出し、めかぶ、しょうがをのせ、そばつゆをかけていただく。

おそまつ梅そうめん

お茶漬けのようなそうめんです。昆布茶のうまみに、梅の風味がきいています。ちょっぴりゆずこしょうの辛味を加えてもおいしいです。お酒のあとのお茶漬けがわりに、また二日酔いの朝にもどうぞ。

●材料（1人分）
そうめん … 2束（100g）
乾燥カットわかめ … 大さじ1
梅干し … 1個
白すりごま … 大さじ1

◎つゆ
昆布茶（顆粒）… 小さじ1½
熱湯 … 1½カップ
しょうゆ … 小さじ1
塩 … ひとつまみ

そうめんはたっぷりの熱湯でゆで、ゆで上がる30秒前にわかめを加え、一緒にさっとゆでる。

どんぶりにつゆの材料を入れて混ぜる。

そうめんとわかめをざるに上げて湯をきり、熱々をどんぶりに入れる。

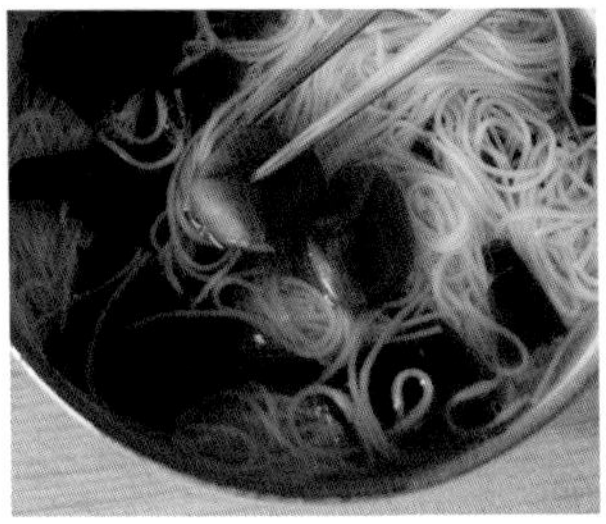

種を除いた梅干し、すりごまをのせる。

コラム❷

作る薬味

手作りラー油

基本はごま油と唐辛子ですが、にんにくやしょうがのみじん切りを加えて加熱すれば、具だくさんラー油にも。また、油が冷めてから粉山椒小さじ ½ を加えると、複雑な辛味になります。使う時はよく混ぜ、唐辛子を一緒に食べるとおいしいです。

◎材料（作りやすい分量）と作り方
フライパンにごま油 1½ カップ、一味唐辛子大さじ４を入れて弱火にかけ、ほんの少し泡が出るくらいまで温め、火を止めてそのまま冷ます。びんに入れて冷暗所で保存し、日持ちは半年くらい。

にんにくナンプラー

ナンプラーのにおいが苦手な人でも、これならにんにくの香りで食べやすいです。ナンプラーが少なくなったらつぎ足していけば、ずっと使えます。

◎材料（作りやすい分量）と作り方
にんにく２かけを薄切りにしてびんに入れ、ナンプラー ½ カップを注いでひと晩おく。冷蔵室で保存し、日持ちは２か月くらい。

青唐辛子のしょうゆ漬け

初夏から夏にかけて出回る、生の青唐辛子。見つけたら、刻んでしょうゆに漬けておくといいですよ。特に、そうめんやうどんの薬味にぴったり。

◎材料（作りやすい分量）と作り方
生の青唐辛子 10 本はヘタをとって小口切りにし、びんに入れ、しょうゆをひたひたに注いでひと晩おく。冷蔵室で保存し、日持ちは２か月くらい。

二

そうめん・そば

そうめんは、なんといっても
ゆで時間が短いのがうれしい。
そばのよさは、そば粉の香りと
どっしりとした食べごたえ。
汁あり、汁なし、汁につけたり、かけたり…。
いろんな楽しみ方、アリです。

＊そうめん・そばのゆで方 ⇒ p.28 へ

香りぶっかけそうめん

香りのものが大好きなので、みょうがやしょうが、青じそなど、香りのよい薬味をたっぷり入れて作ります。香菜《シャンツァイ》を加えると、いきなりアジアっぽいそうめんになります。アジア好きの方、どうぞお試しを。

●材料（1人分）
そうめん … 2束（100g）
きゅうり … ½ 本
みょうが … 1個
桜えび … ふたつまみ
すだち … ½ 個
◎つゆ
市販のめんつゆ（3倍濃縮）… 大さじ1
水 … 大さじ4

●作り方
① そうめんは熱湯でゆで、冷水で洗い、水けをきって器に盛る。
② きゅうりは斜め薄切りにしてからせん切り、みょうがは縦半分に割って斜め薄切りにする。
③ ①に②、桜えびをのせ、混ぜたつゆをかけ、すだちを添える。好みですだちを絞って食べると、さっぱりとして香りがいい。

めかぶぶっかけそうめん

暑い夏には、麺はしっかり氷水で冷やしましょう。めかぶも汁も、冷蔵庫で冷たくしてからいただくと、体の中からひんやりして、ぐんとおいしくなりますよ。

●材料（1人分）
そうめん … 2束（100g）
めかぶ … 1パック（50g）
長ねぎ … 10cm
焼きのり … 全形 ½ 枚
しょうが（すりおろす）… 小さじ1
◎つゆ
市販のめんつゆ（3倍濃縮）… 大さじ1
水 … 大さじ4

●作り方
① そうめんは熱湯でゆで、冷水で洗い、水けをきって器に盛る。
② 長ねぎは縦半分に割って小口切りにする。
③ ①に焼きのりを手でもんで散らし、②、めかぶ、しょうがをのせ、混ぜたつゆをかける。

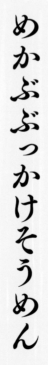

ほたてのぶっかけそうめん

ほたては缶詰のものを使います。おいしい缶汁はムダにせず、つゆに加えて風味をつけます。水菜をそうめんと一緒にゆでますが、おかひじき、かいわれで作ってもいいです。

●材料（1人分）
そうめん … 2束（100g）
ほたて水煮缶 … 小1缶（75g）
水菜 … 1株
玉ねぎ … ¼個
◎つゆ
市販のめんつゆ（3倍濃縮）… 大さじ1
水 … 大さじ4
ほたて水煮缶の汁 … 大さじ1
□七味唐辛子

●作り方
① ほたて缶は汁と身に分け、身は粗くほぐし、汁はつゆの材料と混ぜる。水菜は4cm長さ、玉ねぎは薄切りにして水にさらし、水けをきる。
② そうめんは熱湯でゆで、ゆで上がる直前に水菜を加え、一緒にゆでる。冷水で洗い、水けをきって器に盛る。
③ ②に玉ねぎ、ほたて缶の身をのせ、混ぜたつゆをかけ、七味唐辛子をふる。

キムチそうめん

キムチの漬け汁をつゆに加えていただきます。また、いつものそうめんに、薬味がわりにキムチのみじん切りを加えると、これなしではもの足りなくなるほどのおいしさ。韓国風というより、これはもう日本の味。ぜひぜひお試しを。

●材料（1人分）

そうめん … 2束（100g）
白菜キムチ … 50g
豆苗《とうみょう》 … ⅓袋
白いりごま … 少々
◎つゆ
市販のめんつゆ（3倍濃縮）… 大さじ1
水 … 大さじ3
キムチの汁 … 大さじ1
白いりごま … 少々

●作り方

① そうめんは熱湯でゆで、ゆで上がる30秒前に根元を落とした豆苗を加え、一緒にゆでる。冷水で洗い、水けをきって器に盛る。
② 白菜キムチは食べやすい長さに切り、①にのせ、白ごまをふる。混ぜたつゆを添え、つけていただく。

油そうめん

沖縄のおばあたちが作る、昔からの味をまねてみました。煮干しのだしとごま油の風味で、ほっとする味です。この料理から進化して、「そうめんちゃんぷるー」になったのかもしれません。

●材料（1人分）

そうめん … 2束（100g）
万能ねぎ（小口切り）… 3本分
紅しょうが … 適量
◎つゆ
煮干し … 小8本
だし昆布 … 1×3cm
水 … 1½ カップ
しょうゆ … 小さじ1
ごま油 … 小さじ1
鶏ガラスープの素 … 小さじ ⅓
塩 … 小さじ ⅓

●作り方

① 煮干しは頭と腹ワタをとり、昆布は手で小さくちぎる。
② 鍋に①、分量の水を入れて中火で7～8分煮出し、残りのつゆの材料を混ぜる。
③ そうめんは熱湯で少しかためにゆで、冷水で洗い、水けをきって②の鍋に加える。そうめんが温まったら汁ごと器に盛り、紅しょうが、万能ねぎをのせる。

しょっつるそうめん

しょっつるは魚で作ったしょうゆ（魚醤《ぎょしょう》）で、はたはただけで作ったものは、香りもよい特上品。タイのナンプラーや、ベトナムのニョクマムも同じ仲間です。うまみたっぷりなので、サラダや炒めものにも使いましょう。

●材料（1人分）

そうめん … 2束（100g）
かいわれ … ½ パック
A | にんにく（薄切り）… 1かけ分
　| 赤唐辛子（小口切り）… ½本分
しょっつる（またはナンプラー）… 小さじ1
レモン（くし形切り）… 1切れ
□オリーブ油、塩、粗びき黒こしょう

●作り方

① そうめんは熱湯でゆで、冷水で洗い、水けをきる。
② かいわれは根元を落とし、半分に切る。
③ フライパンにオリーブ油大さじ2、Aを入れて弱火にかけ、香りが出たら①、しょっつる、塩、黒こしょう各少々を加えて炒め合わせる。②をさっと混ぜて器に盛り、黒こしょうをふり、レモンを添える。

しょっつる
はたはたと天日塩だけで3年発酵させて作る、「秋田しょっつる」。
㊫ 諸井醸造
☎0185-24-3597（平日8:00～17:00）
https://www.shottsuru.jp/

鶏のあつひやそうめん

友人の家に遊びに行った時に、お昼にいただいたそうめんです。熱々のつゆでそうめんを食べたことがなかったので、そのおいしさに驚き、わが家の味に仲間入りしました。この味を教えてくれた友人の名前をとって、うちでは「むっちゃんのそうめん」と呼んでいます。

●材料（1人分）
そうめん … 2束（100g）
長ねぎ（小口切り）… 適量
◎つゆ
鶏もも肉 … ¼ 枚
市販のめんつゆ（3倍濃縮）… ¼ カップ
水 … 1¼ カップ
□七味唐辛子

●作り方
① 鶏肉は2cm 角に切り、分量の水とともに鍋に入れて煮立たせ、アクをすくって弱火で 10分煮る。めんつゆを加え、味を調える（鶏肉を煮る火加減によって味の濃さが変わるので、めんつゆと水で調節する）。
② そうめんは熱湯でゆで、冷水で洗い、水けをきって器に盛る。熱々の①を添え、長ねぎ、七味唐辛子を加えていただく。

冷や汁そうめん

ごはんにかける冷や汁を、そうめん用に工夫しました。めんつゆを使うので、手間いらず。氷を入れて冷たくすると、暑い日でも涼しくいただけます。ごはんにかけるなら、あじの干物を焼いてほぐし、すり鉢ですって加えると本格的ですが、そうめんには、あじは入れないほうがおいしいですよ。

●材料（1人分）
そうめん … 2束（100g）
きゅうり … ½本
◎冷や汁
市販のめんつゆ（3倍濃縮）… 大さじ1
水 … 120ml
白すりごま … 大さじ3
みそ … 大さじ1
□塩

●作り方
① きゅうりは小口切りにし、塩ふたつまみをふり、しんなりしたら水けを軽く絞る。
② 冷や汁の材料を混ぜ、①を加える。
③ そうめんは熱湯でゆで、冷水で洗い、水けをきって器に盛る。②を添え、つけていただく。

油つけ麺

油はうまい。香りがうまい。いつものそうめんに香りのよい油を足すと、新しい味に出会えます。オリーブオイルとしょうゆは、意外と相性がよいのです。トマトや玉ねぎのほか、乾燥バジル、黒こしょうなどの薬味も、ぜひ試してみてください。

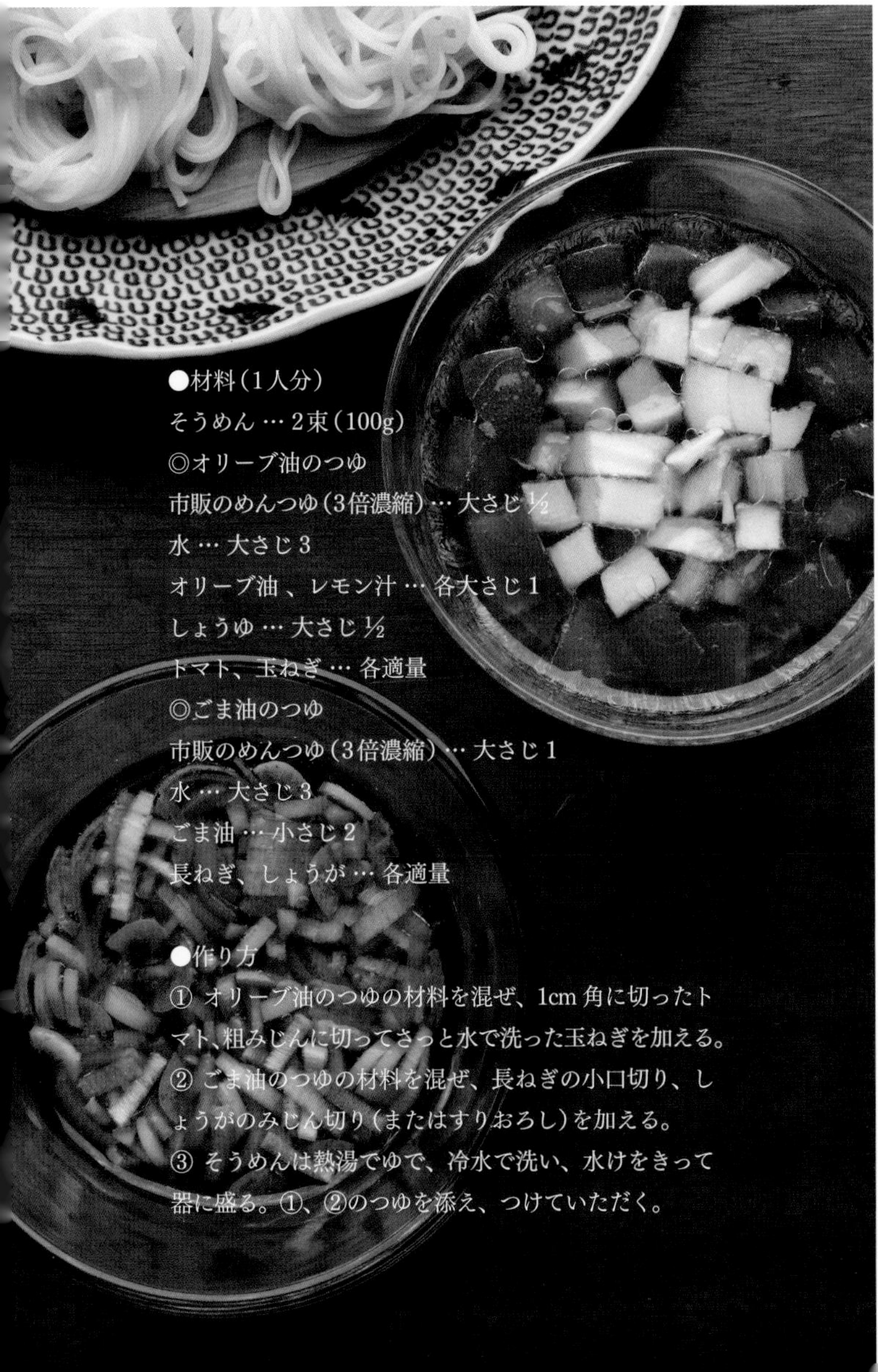

●材料（1人分）
そうめん … 2束（100g）
◎オリーブ油のつゆ
市販のめんつゆ（3倍濃縮）… 大さじ½
水 … 大さじ3
オリーブ油 、レモン汁 … 各大さじ1
しょうゆ … 大さじ½
トマト、玉ねぎ … 各適量
◎ごま油のつゆ
市販のめんつゆ（3倍濃縮）… 大さじ1
水 … 大さじ3
ごま油 … 小さじ2
長ねぎ、しょうが … 各適量

●作り方
① オリーブ油のつゆの材料を混ぜ、1cm 角に切ったトマト、粗みじんに切ってさっと水で洗った玉ねぎを加える。
② ごま油のつゆの材料を混ぜ、長ねぎの小口切り、しょうがのみじん切り（またはすりおろし）を加える。
③ そうめんは熱湯でゆで、冷水で洗い、水けをきって器に盛る。①、②のつゆを添え、つけていただく。

そうめんちゃんぷるー

これは、ゆでたてのそうめんでは上手にできません。少しかためにゆでてサラダ油をからめ、麺どうしがくっつかないようにしてしばらくおきます。すぐ食べたいと思っても、最低40分はがまん。前の日の残ったそうめんで作るのが、いちばんかもしれませんね。

●材料(1人分)

そうめん … 2束(100g)
ポークランチョンミート(「スパム」) … 70g
長ねぎ … 1/2本
卵 … 1個
鶏ガラスープの素 … 小さじ1/5
紅しょうが … 適量
□サラダ油、ごま油、塩、こしょう、しょうゆ

●作り方

① そうめんは熱湯で少しかためにゆでて、冷水で洗い、水けをきる。サラダ油大さじ1を混ぜ、時々ほぐしながら1時間ほどおいておく。または、前の日の残りでもいい。
② ランチョンミートは短冊に、長ねぎは斜め薄切りにする。
③ フライパンにごま油大さじ1を熱し、②をしんなりするまで中火で炒め、そうめん、塩小さじ1/4、こしょう少々、鶏ガラスープの素を加えて炒め合わせる。フライパンの片側に寄せ、あいたところに溶いた卵を流していり卵を作り、手早く全体を混ぜてしょうゆ小さじ1/2を加える。器に盛り、紅しょうがを添える。

ねぎと鶏皮の焼き日本そば

めんつゆを使った、日本そばの焼きそばです。鶏皮を敬遠する人が多いけれど、とてもおいしいところなので、皮のうまみをそばに移して焼きそばにします。皮はできるだけ細く切ると、そばの食感を邪魔しません。

●材料（1人分）
そば（乾麺）… 1束（100g）
鶏皮 … ½ 枚（30g）
長ねぎ … 1本
市販のめんつゆ（3倍濃縮）… 大さじ1強
□七味唐辛子

●作り方
① そばは熱湯で少しかためにゆで、冷水で洗い、水けをきる。
② 鶏皮はせん切りにし、長ねぎは斜め薄切りにする。
③ フライパンを何もひかずに熱し、鶏皮を脂が十分に出るまで中火で炒める。長ねぎを加えてさっと炒め、そばを炒め合わせ、めんつゆを加えて汁けがなくなるまで炒めたら、でき上がり。器に盛り、七味唐辛子をふる。

大根そば

せん切りの大根を塩もみして、そばに加えます。大根の歯ざわりがさわやかなそばになりました。大根とそばの香りは相性がよく、味もよいのです。ダイエットのためのそばではありませんが、大根のおかげで、カロリーもかなり抑えられます。

●材料（1人分）
そば（乾麺）… ½束（50g）
大根 … 2.5cm
かいわれ … ½パック
◎ごまつゆ
市販のめんつゆ（3倍濃縮）… 大さじ1
水 … 大さじ3
白すりごま … 大さじ2
マヨネーズ … 小さじ1
◎梅つゆ
市販のめんつゆ（3倍濃縮）… 大さじ1
水 … 大さじ3
梅干し（みじん切り）… 1個分
ゆかり … 小さじ¼
□塩

●作り方
① 大根は皮をむいてせん切りにし、塩小さじ⅓をふって軽くもみ、しんなりしたら水けを絞る。かいわれは根元を落とし、長さを半分に切る。
② そばは熱湯でゆで、冷水で洗って水けをきり、①を混ぜて器に盛る。
③ 混ぜた2種のつゆを添え、つけていただく。

越前おろしそば

白山《はくさん》の旅館で食べて以来、大好きなそばです。おかみさんに「1人前2皿が決まり」と伺いました（普通の1人分を2皿に分けて盛ります）。宿を守る白い犬がいて、名前は「銀」。天然のわさびを採りに行くのに、歩いて3時間もかかるそうですが、銀の道案内がないと、女将さんでも道に迷ってしまうほどだそう。深い森の中で採れる天然わさびは、本当に香りがよいのです。

●材料（1人分）
そば（乾麺）… 1束（100g）
大根おろし … 1カップ
万能ねぎ（小口切り）… 4本分
削り節 … 1パック（4g）
おろしわさび … 少々
◎つゆ
市販のめんつゆ（3倍濃縮）… 大さじ2
水 … 1/4 カップ
大根おろしの汁 … 1/4 カップ

●作り方
① 大根おろしは軽く水けを絞り、汁はつゆの材料と混ぜる。
② そばは熱湯でゆで、冷水で洗い、水けをきって器に盛る。
③ ②に大根おろし、万能ねぎ、削り節をのせ、おろしわさびを添え、①のつゆをかける。

そばがき

そばの香りが引き立つ、ファストフードです。子どもの頃はそば粉のおいしさがわかりませんでしたが、ゆでたそばよりも、香りは上のように思います。

●材料（1人分）
そば粉 … 1/3 カップ
熱湯 … 1/2 カップ
市販のそばつゆ（ストレート）… 適量
おろしわさび … 少々

●作り方
① どんぶりなどの器にそば粉を入れ、熱湯を加えて菜箸で手早く練り混ぜる。ひとかたまりになったら、でき上がり。そばつゆとおろしわさびをつけていただく。

そば粉に沸騰した湯を加え、菜箸で勢いよく混ぜ、ひとかたまりになればでき上がり。

とろろ温玉そば

温泉卵の濃厚な卵黄と、長いもでいただく冷たいそばです。温かいそばでもおいしくできます。温かくして作る時は、つゆも熱々にして。近頃、質のよいなめこを手軽に買うことができるようになりました。さっと湯通しして加えると、食感がとてもよくなります。

●材料（1人分）
そば（乾麺）… 1束（100g）
長いも … 6cm
なめこ … ½袋
温泉卵 … 1個
万能ねぎ（小口切り）… 2本分
市販のそばつゆ（ストレート）… 大さじ5

●作り方
① なめこはざるに入れ、熱湯を回しかける。
② 長いもは皮をむき、ポリ袋に入れてすりこ木などでたたき、少しかたまりが残るくらいにつぶす。
③ そばは熱湯でゆで、冷水で洗い、水けをきって器に盛る。①をのせて万能ねぎを散らし、②のポリ袋の底を少し切って長いもを押し出し、温泉卵をのせてそばつゆをかける。

冷たいみそとろろそば

とろろにみそを加えて、つゆにします。とろろには、粘りけの強い大和いも（いちょういも、つくねいもとも呼ぶ）を使います。長いもでは粘りけが足りませんから、ご注意を。とろろの濃度は好みですが、あっさりかき込みたいなら、水を多めに加えて粘りを抑えます。このみそとろろ、ごはんにかけてもおいしいです。

●材料（1人分）
そば（乾麺）… 1束（100g）
削り節、白すりごま … 各適量
◎みそとろろ
大和いも … 50g
市販のめんつゆ（3倍濃縮）、みそ … 各大さじ1
水 … 大さじ6
□七味唐辛子

●作り方
① 大和いもは皮をむいてすり鉢ですりおろし、めんつゆ、みそ、水の順に少しずつ加えてすりこ木で混ぜる。
② そばは熱湯でゆで、冷水で洗い、水けをきって器に盛る。①をかけ、削り節とすりごまをのせ、七味唐辛子をふる。

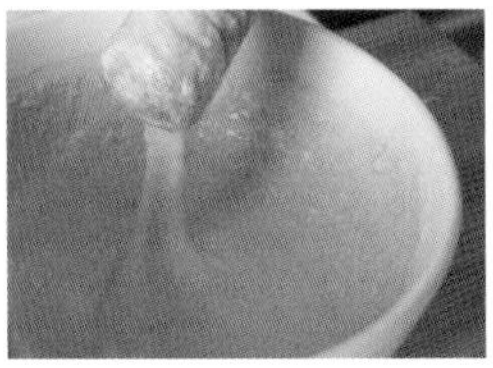

すり鉢ですり合わせれば、とろろ汁のでき上がり。このねばねばは、大和いもならでは。

あったか納豆卵そば

納豆の粘りけで、卵があっという間にふわふわに泡立ちます。卵に包まれて、納豆もマイルドに。ひきわり納豆は、粒納豆よりも香りが弱く、消化もよいとされていますから、上手に使ってみてください。

●材料（1人分）
そば（冷凍）… 1玉
ひきわり納豆 … 1パック（40g）
卵 … 1個
万能ねぎ（小口切り）… 3本分
◎つゆ
市販のめんつゆ（3倍濃縮）… 大さじ1
熱湯 … 大さじ3

●作り方
① ボウルに納豆と卵を入れ、菜箸で100回くらいぐるぐる混ぜてふわふわに泡立てる。
② そばは熱湯でさっとゆでて温め、湯をきって器に盛る。①をのせ、混ぜた熱々のつゆをかけ、万能ねぎを散らす。

けんちんそば

けんちん汁につけていただくそばです。子どもの頃はそばのうまさがわからずに、祖母の作る黒くて太い手打ちそばが苦手でした。鶏肉や里いもを具に加えてもいいですよ。

●材料（1人分）
そば（乾麺）… 1束（100g）
大根 … 1.5cm
にんじん … 1/6本
ごぼう … 3cm
長ねぎ … 5cm
生しいたけ … 1/2枚
油揚げ … 1/8枚
市販のめんつゆ（3倍濃縮）… 大さじ2
長ねぎ（小口切り）… 適量

●作り方
① 大根とにんじんは皮をむいていちょう切り、ごぼうは斜め薄切り、長ねぎは1cm幅に。しいたけは石づきをとって薄切り、油揚げは短冊に切る。
② 鍋に①、水1 1/2カップを煮立たせ、アクをすくって中火で7分煮、具がやわらかくなったらめんつゆを加える。
③ そばは熱湯でゆで、冷水で洗って水けをきり、長ねぎの小口切りとともに器に盛る。熱々の②を添える。

カレーそば

えび天のかわりにえびフライを入れてみたら、とってもおいしいのです。コロッケ、かきフライ、とんかつなど、パン粉のころもがついたフライは、そばの具に向いています。駅のそば屋さんのコロッケそばもおいしいですよね。

●材料（1人分）
そば（冷凍）… 1玉
市販のえびフライ … 1本
水菜 … ½ 株
万能ねぎ（小口切り）… 適量
◎つゆ
市販のめんつゆ（3倍濃縮）… 大さじ 2
水 … 1¼ カップ
A ｜ 片栗粉 … 小さじ 1½
｜ カレー粉 … 小さじ 1
｜ 水 … 大さじ 1
□塩

●作り方
① 水菜は塩少々を加えた熱湯でゆで、水にとって冷まし、水けを絞って 3〜4cm 長さに切る。
② 鍋につゆの材料を入れて煮立たせ、よく混ぜた A を少しずつ加えてとろみをつける。
③ そばは熱湯でさっとゆでて温め、湯をきって器に入れ、②のつゆをかける。えびフライ、①をのせ、万能ねぎを散らす。

コラム❸

麺のゆで方

そうめん・そば・うどん

◉乾麺（そうめん・そば・うどん）

＊写真はそうめん

麺100g（1人分）をゆでるのに、鍋は直径21cmのものを使用。鍋にたっぷりの湯を沸かし、乾麺を一度に入れる。

きしめんの場合は、麺がくっつきやすいので、特によくほぐして。

↓

麺がくっつかないように、すぐに菜箸でほぐす。火を弱め、麺が静かに踊るくらいの火加減でゆでる。

↓

袋の表示時間を目安に、好みのかたさにゆでる。温かい汁麺にする時は、少しかために。ゆで上がったらざるに上げ、湯をきる。

↓

流水の下でぬめりを洗い流す。

↓

ざるを上下に揺すって、しっかりと水けをきる。

◎冷たくして食べる → 水けをきってそのまま使う。
◎温かくして食べる → 水けをきった麺をもう一度、熱湯でさっと温めて使う。

◉冷凍麺（そば・うどん）

鍋にたっぷりの湯を沸かし、凍ったままの麺を入れ、麺がほぐれるまで強火で数分ゆでる。ざるに上げて、湯をきる。
◎冷たくして食べる → 湯をきったら流水の下で洗って麺をしめ、水けをきって使う。
◎温かくして食べる → 湯をきってそのまま使う。

◉ゆで麺（そば・うどん）

鍋にたっぷりの湯を沸かし、麺を入れ、麺がほぐれるまで強火でさっとゆでる。ざるに上げて、湯をきる。
◎冷たくして食べる → 湯をきったら流水の下で洗って麺をしめ、水けをきって使う。
◎温かくして食べる → 湯をきってそのまま使う。

《残ったそうめんは冷蔵保存を》

ゆでたそうめんは、冷蔵室で2〜3日は保存できる。そうめんを3本指で引き上げ（これでちょうどひと口分）、小分けにして保存容器に入れ、冷蔵室で保存する。

三、

うどん

モチモチ、ツルンの歯ごたえは、
ぶっかけでも、汁ありでも、
また炒めてもおいしい。
そんな奥の深さが、うどんにはあると思います。
太さや形がいろいろあるので、
具との相性で選んでください。

＊うどんのゆで方 ⇒ p.28 へ

サラダ焼き肉うどん

肉も野菜も一緒に上にのっけてしまった、欲張りうどんです。チャーシューや焼きとりでもおいしくできますから、手間をかけたくない時におすすめです。

●材料（1人分）
うどん（冷凍）… 1玉
牛薄切り肉 … 70g
玉ねぎ … $\frac{1}{4}$個
トマト … $\frac{1}{2}$個
サニーレタス … 1枚
市販の焼き肉のたれ … 大さじ 1＊
マヨネーズ … 小さじ 2
◎つゆ
市販のめんつゆ（3倍濃縮）… 大さじ 1
水 … 大さじ 3

＊手作りする場合は … しょうゆ、りんごジュース各小さじ 2、砂糖小さじ 1、にんにくのすりおろし少々を混ぜる。

●作り方
① うどんは熱湯でゆでてほぐし、冷水で洗い、水けをきって器に盛る。
② 玉ねぎは薄切りにし、水にさらして水けをきり、トマトは 2cm 角に切る。
③ フライパンを何もひかずに熱し、牛肉を中火でさっと炒め、肉に火が通ったら焼き肉のたれを全体にからめる。
④ ①にちぎったサニーレタス、②、③の焼き肉をのせ、マヨネーズを細く絞り、混ぜたつゆをかける。あれば氷も入れると、キンと冷えておいしい。

青唐辛子うどん

青唐辛子が八百屋さんの店先に出回りはじめたら、新鮮なうちに輪切りにし、びんに入れてしょうゆに漬けておきます。これを上にのせれば、小麦粉の味がよくわかる、おいしいうどんのでき上がり。うどんのなめらかさが命なので、必ずゆでたてで作りましょう。

●材料（1人分）
うどん（乾麺）… 1束（100g）
青唐辛子のしょうゆ漬け
（作り方は p.12 へ）… 適量
削り節 … 適量
□オリーブ油

●作り方
① うどんは熱湯でゆで、冷水で洗い、水けをきって器に盛る。または、熱湯でさっと温めてもいい。
② ①に青唐辛子のしょうゆ漬け、オリーブ油小さじ 2、削り節をのせ、混ぜていただく。好みで酢少々をかけてもおいしい。

半熟ゆで卵うどん

半熟卵の濃厚な黄身がおいしいうどんです。黄身のおいしさを味わうために、濃いめのつゆを少量かけていただきます。揚げ玉につゆがからんで、うどんをいっそうおいしくします。

●材料（1人分）
うどん（乾麺）… 1束（100g）
卵 … 1個
揚げ玉 … 大さじ 2
万能ねぎ（小口切り）… 2本分
白いりごま … 小さじ 1
しょうが（すりおろす）… 小さじ 1
◎つゆ
市販のめんつゆ（3倍濃縮）… 大さじ 1
水 … 大さじ 3
□塩

●作り方
① 卵は先が丸いほうに画びょうなどで小さく穴を開け、塩少々を加えた熱湯にそっと入れて 6 分ゆで、冷水にとって水の中で静かに殻をむく。
② うどんは熱湯でゆで、冷水で洗い、水けをきって器に盛る。
③ ②に揚げ玉、万能ねぎ、白ごまを散らし、半分に切った①の卵、しょうがをのせ、混ぜたつゆをかける。

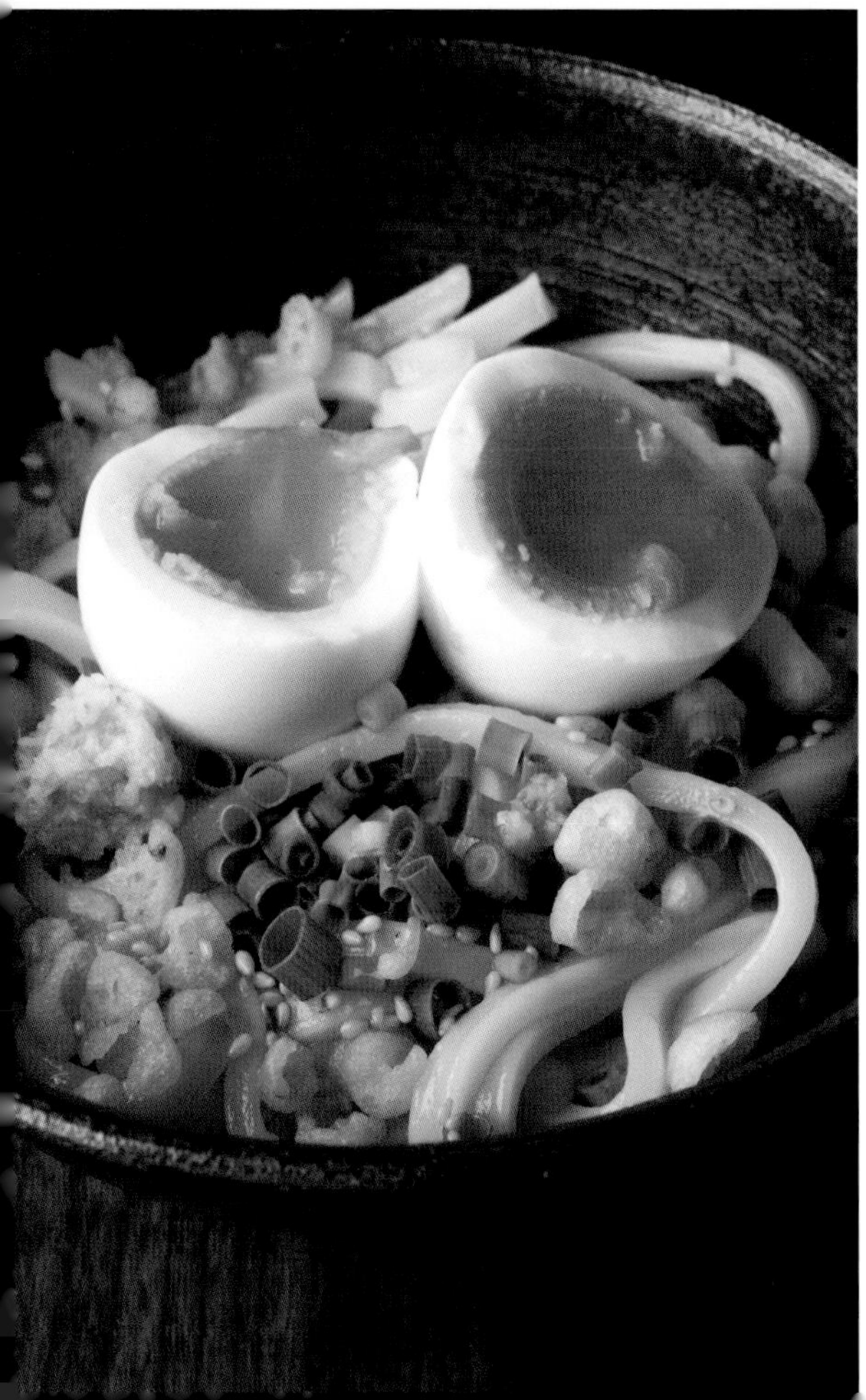

釜揚げうどん

わが家ではこのうどんを「煮する引き」と呼びます。名前の由来は、ゆでた鍋からそのまま、するすると自分の器にとって食べるから。特別につゆを作らず、乾麺のゆで汁の塩分を使ってつけ汁にします。しょうゆと好みの薬味をたっぷりと入れて。夏の暑い時は少し細めのうどんで、汗をかきながら食べると、体がすっきりする気がします。

●材料（1人分）

うどん（乾麺）… 1束（100g）＊
みょうが（小口切り）… 1個分
すだち（4等分に切る）… 1個分
万能ねぎ（小口切り）、
　しょうが（すりおろす）… 各適量
削り節 … 適量
□しょうゆ

＊これは必ず乾麺で

●作り方

好みの薬味と削り節を用意する。鍋に湯を沸かし、うどんを少しかためにゆで、鍋ごと食卓に運ぶ。

器に好みの量の薬味、削り節を入れて、しょうゆ大さじ1を加える。

うどんのゆで汁大さじ3を加えたら、つゆのでき上がり。

熱々のうどんをすくい、つけながらいただく。すだちをぎゅっと絞っても。

味が薄くなったら、しょうゆや薬味を足し、ゆで汁で濃さを調節する。

アジア風 ザーサイうどん

アジア風のつけうどんです。麺は熱々でも冷たくてもよく、汁は熱々のほうがおいしいです。汁に五香粉《ウーシャンフェン》（中国のミックススパイス）を入れるのがポイント。この香りがなくても大丈夫ですが、入れると一層アジア風になります。

●材料（1人分）
うどん（乾麺）… 1束（100g）
市販のチャーシュー（薄切り）… 3枚
味つきザーサイ（びん詰）… 約$\frac{1}{3}$びん（30g）
香菜《シャンツァイ》… 適量
◎つゆ
長ねぎ（みじん切り）… 大さじ1
しょうが（すりおろす）… 小さじ1
にんにく（すりおろす）… 小さじ$\frac{1}{2}$
鶏ガラスープの素 … 小さじ1
熱湯 … $\frac{1}{2}$カップ
しょうゆ … 大さじ1
五香粉《ウーシャンフェン》（あれば）、ごま油 … 各少々

●作り方
① チャーシューは細切り、香菜はざく切りにする。
② うどんは熱湯でゆで、冷水で洗い、水けをきって器に盛る。
①とザーサイをのせ、混ぜたつゆを添え、つけていただく。

ごぼう天うどん

熊本のうどん屋さんで、ごぼ天うどんを注文したら、こんな薄切りごぼうの天ぷらがのってきました。東京では、せん切りごぼうのかき揚げが普通ですが、香りがより新鮮で、とてもおいしいのです。ごぼうが主役のうどんです。

●材料（1人分）

うどん（乾麺）… 1束（100g）
ごぼう（斜め薄切り）… 5枚
ししとう … 1本
天ぷらごろも
　市販の天ぷら粉 … 大さじ1
　水 … 小さじ2
万能ねぎ（小口切り）、白すりごま … 各適量
◎つゆ
うどんつゆの素（粉末）… 1袋（8g）
水 … 2カップ
塩 … 少々
□揚げ油

●作り方

① 天ぷらごろもの材料を混ぜ、ごぼう、竹串で2か所くらい穴を開けたししとうにからめ、中温（170℃）の揚げ油でカラリと揚げる。
② うどんは熱湯で少しかためにゆで、冷水で洗い、水けをきる。
③ 鍋につゆの材料を入れて煮立たせ、②を加えて温め、汁ごと器に盛る。①の天ぷら、万能ねぎ、すりごまをのせる。

うどんつゆの素（粉末）
淡口しょうゆベースの関西風うどんに仕上げたい時は、この「うどんスープ」で。
㊐ヒガシマル醤油
☎0791-63-4635（平日9:00〜17:00）
https://www.higashimaru.co.jp/

とろみかき玉うどん

とろみが熱を逃がさないので、寒い季節でも熱々でいただけます。しょうがをたっぷり入れると、体がとても温まります。豆腐と卵が胃にやさしく、風邪をひいた時にもいいですよ。

●材料（1人分）

うどん（乾麺）… 1束（100g）
絹ごし豆腐 … ¼丁
卵 … 1個
万能ねぎ（小口切り）… 2本分
しょうが（すりおろす）… 小さじ1
◎つゆ
うどんつゆの素（粉末・p.34参照）
… 1袋（8g）
水 … 2カップ
塩 … 少々
A｜片栗粉 … 小さじ2
　｜水 … 大さじ1

●作り方

① うどんは熱湯で少しかためにゆで、冷水で洗い、水けをきる。
② 豆腐は4cm長さの短冊に切る。
③ 鍋につゆの材料を煮立たせ、混ぜたAを加えてとろみをつけ、再び煮立ったら溶いた卵を少しずつ流し、卵に火が通ったら①、②を加えて温める。汁ごと器に盛り、万能ねぎ、しょうがをのせる。

とろろ昆布うどん

シンプルながらも、深い味わい。とろろ昆布と削り節からさらにうまみが出て、より深い味になります。

●材料（1人分）

うどん（乾麺）… 1束（100g）
とろろ昆布 … ひとつまみ
梅干し … 1個
削り節、万能ねぎ（小口切り）
… 各適量
◎つゆ
うどんつゆの素（粉末・p.34参照）
… 1袋（8g）
水 … 2カップ
塩 … 少々

●作り方

① うどんは熱湯で少しかためにゆで、冷水で洗い、水けをきる。
② 鍋につゆの材料を入れて煮立たせ、①を加えて温め、汁ごと器に盛る。とろろ昆布、梅干し、削り節、万能ねぎをのせる。

豆乳しょうがうどん

豆乳にはうまみがたっぷり。しょうがの風味をきかせて、うどんにしました。豚のしゃぶしゃぶ用肉、白菜を入れて鍋仕立てにしてもおいしいです。煮立てすぎると、豆乳が分離したようになり、見ためが悪くなりますが、おいしさは変わらないので、どうぞご安心を。

●材料（1人分）

うどん（冷凍）… 1玉

水菜 … 1株

じゅんさい（あれば）… 大さじ2

◎つゆ

A ｜うどんつゆの素（粉末・p.34参照）… 1袋（8g）

｜水 … 1カップ

｜しょうが（すりおろす）… 小さじ1

豆乳（成分無調整）… 1カップ

●作り方

① うどんは水菜とともに熱湯でさっとゆでてほぐし、湯をきって器に入れる。水菜は水けを絞り、4cm長さに切る。

② 鍋にAを入れて煮立たせ、豆乳を加えて温める。うどんにかけ、①の水菜、じゅんさいをのせる。

ミルクカレーうどん

大好きな豚肉で作りましたが、鶏肉や厚揚げでもおいしく作れます。牛乳たっぷりなので、辛いのが苦手な人でも大丈夫。ねぎのうまみも、とろりとした食感もいいですよ。具だくさんにしたいなら、しいたけやにんじんを足しましょう。

●材料（1人分）
うどん（乾麺）… 1束（100g）
豚薄切り肉 … 2枚
長ねぎ … ½本
◎つゆ
市販のめんつゆ（3倍濃縮）… 大さじ2
水 … 1½カップ
市販のカレールウ … 1かけ（15g）
牛乳 … ½カップ

●作り方
① うどんは熱湯で少しかためにゆで、冷水で洗い、水けをきる。
② 豚肉は3cm幅、長ねぎは縦4等分に割って4cm長さに切る。
③ 鍋に②、分量の水を入れて煮立たせ、中火で4分煮、めんつゆを加えてカレールウを溶かす。牛乳、①を加え、ひと煮立ちさせたらでき上がり。

きつねきしめん

きしめんは、なんといってもゆでたてがいちばん。外でおいしいきしめんが食べたければ、回転のよい店に限ります。私は、新幹線ホームのきしめんが大好き。友人は「豊橋のきしめんがいちばん」と言うので、こだま号に乗って食べに行きました。ここのきしめんは、しょうゆが濃い。たまりじょうゆなのかなぁ。きしめんにもいろいろあって、魅力倍増です。

●材料（1人分）
きしめん（乾麺）… 1束（100g）
市販のいなり用味つけ油揚げ … ½枚*
削り節、万能ねぎ（小口切り）
… 各適量
◎つゆ
うどんつゆの素（粉末・p.34参照）
… 1袋（8g）
水 … 2カップ
塩 … 少々
*手作りする場合は…油揚げ2枚は半分に切って熱湯で5分ゆで、湯をきって酒、砂糖各大さじ2、しょうゆ大さじ1、水1カップを加え、落としぶたをして汁けが少し残るまで弱火で煮る。三角に切り、½枚を使う。

●作り方
① 鍋につゆの材料を入れて火にかけ、ひと煮立ちさせておく。
② きしめんは熱湯で少しかためにゆで、冷水で洗い、再び熱湯でさっと温めて器に盛る。熱々の①をかけ、油揚げ、削り節、万能ねぎをのせる。

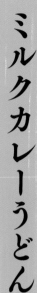

肉みそうどん2種

台湾人のおじいさんのお店では、こんな肉みそがテーブルの上に置いてありました。何に入れてもおいしい、不思議な味の肉みそ。それを思い出しながら作ってみました。中国のミックススパイス・五香粉《ウーシャンフェン》の香りがきいています。

＜肉みその作り方＞

●材料（作りやすい分量）

豚ひき肉 … 100g
しょうが（みじん切り）… 大さじ2
にんにく（みじん切り）… 1かけ分
A ｜ みそ … 大さじ4
｜ 八丁みそ（なければみそ）… 大さじ1
｜ 酒 … 大さじ2
｜ 豆板醤《トウバンジャン》、砂糖 … 各小さじ1
五香粉《ウーシャンフェン》（あれば）… 小さじ¼
□ごま油

① フライパンにごま油大さじ1を熱し、しょうが、にんにくを中火で炒め、香りが出たらひき肉を加えて炒め合わせる。
② ひき肉が少しこげるくらいカリッと炒まったら、Aを全体にからめる。仕上げに五香粉を混ぜて、でき上がり。

タイ風汁うどん

タイでは、魚のすり身を使った加工品をよく使います。バンコクにあるタイスキ屋さんのメニュー表を見てびっくり。日本のおでんの具にそっくりなのが、何種類ものっています。そういえば、屋台の汁麺にも、小さく丸めたすり身団子が入っていました。日本と似ているところを見つけると、なんだかうれしくなりませんか？

●材料（1人分）
細めのうどん（乾麺）… 1束（100g）
さつま揚げ … 1枚
もやし … ¼袋
パプリカ（赤）… ⅛個
香菜《シャンツァイ》 … 適量
◎スープ
鶏ガラスープの素 … 小さじ1½
水 … 2カップ
ナンプラー、塩 … 各小さじ⅓
□粗びき黒こしょう

●作り方
① さつま揚げは5mm幅の斜め薄切り、もやしは気になるならひげ根をとる。パプリカはヘタと種をとって細切りにする。
② うどんは熱湯で少しかためにゆで、冷水で洗い、水けをきる。
③ 鍋につゆの材料を入れて煮立たせ、②、もやしを加えてひと煮立ちさせる。汁ごと器に盛り、さつま揚げ、パプリカ、ざく切りの香菜をのせ、黒こしょうをふる。好みでレモン汁をかけてもおいしい。

●材料（1人分）
うどん（乾麺）… 1束（100g）
肉みそ（右ページ参照）… 大さじ2
長ねぎ（みじん切り）… 大さじ2
□ごま油、粗びき黒こしょう

●作り方
① うどんは熱湯で少しかためにゆで、冷水で洗い、再び熱湯でさっと温めて器に盛る。
② 熱々の①に肉みそ、長ねぎをのせ、ごま油少々、黒こしょうをふり、混ぜていただく。

●材料（1人分）
細めのうどん（乾麺）… 1束（100g）
もやし … ¼袋
にら … 2〜4本
きくらげ（乾燥）… ひとつまみ
肉みそ（右ページ参照）… 大さじ2
◎スープ
鶏ガラスープの素 … 小さじ1½
水 … 2カップ
しょうゆ … 小さじ1
塩 … 小さじ⅓
こしょう … 少々

●作り方
① もやしは気になるならひげ根をとり、にらは5cm長さに切る。きくらげは水につけて戻し、細切りにする。
② うどんは熱湯で少しかためにゆで、冷水で洗い、水けをきる。
③ 鍋につゆの材料を入れて煮立たせ、①、②を加えてひと煮立ちさせる。汁ごと器に盛り、肉みそをのせる。

タイの屋台風 焼ききしめん

夜行寝台車に乗って、バンコクからチェンマイまで旅したことがあります。駅の売店で注文すると、お米でできた平たい麺を鉄板でさっと炒めて、駅弁を作ってくれます。これ、きしめんで作ってもおいしいんじゃないかと思い、しょっつるで試してみました。ナンプラーよりもクセがありません。今回はセロリの葉を使いましたが、香菜《シャンツァイ》があれば、ぐっとタイの味に近づきます。

●材料（1人分）

きしめん（乾麺）… 1束（100g）
豚薄切り肉 … 2枚
セロリ … ½本
長ねぎ … 10cm
パプリカ（赤）… ¼個
にんにく（薄切り）… ½かけ分
卵 … 1個
A｜しょっつる（またはナンプラー）、
砂糖、酢… 小さじ1
セロリの葉、レモン … 各適量
□ごま油、塩、こしょう

●作り方

① きしめんは熱湯でゆで、冷水で洗い、水けをきる。
② 豚肉とパプリカは細切り、セロリと長ねぎは斜め薄切りにする。
③ フライパンにごま油大さじ2を熱して豚肉を中火で炒め、火が通ったら残りの②、にんにくを加え、しんなりしたらフライパンの片側に寄せ、溶いた卵を流していり卵にする。
④ ①を炒め合わせ、Aと塩、こしょう各少々をふる。ざく切りのセロリの葉、レモンを添える。

しょうゆ焼きうどん

●材料（1人分）
うどん（乾麺）… 1束（100g）
わけぎ … 2本
油揚げ … ½ 枚
生しいたけ … 2枚
薄口しょうゆ … 小さじ2
削り節 … 適量
□サラダ油

●作り方
① うどんは熱湯でゆで、冷水で洗い、水けをきる。
② わけぎは2cm幅の斜め切り、油揚げは熱湯を回しかけて短冊切り、しいたけは石づきをとって薄切りにする。
③ フライパンにサラダ油大さじ2を熱し、②を中火で炒め、しんなりしたら①を加えて炒め合わせ、薄口しょうゆをからめる。器に盛り、削り節をのせる。

焼きうどんを作る時、しょうゆ味にするかソース味にするか、迷いますよね。これはしょうゆ味。あっさりと、わけぎと油揚げで作りました。炒める油をバターにすると、違った味わいです。わけぎのかわりに長ねぎを使う時は、弱火で甘みが出るまで炒めると、おいしくできます。

ソース焼きうどん

小麦粉とソースの誘惑です。ソースのこげるにおいには、どうしてこんなにお腹がすくんでしょうね。ソース味の場合は、ゆでてしばらくたったうどんが向いています。麺がほぐれにくい時は、少量の酒をふりかけると、水っぽくなりません。

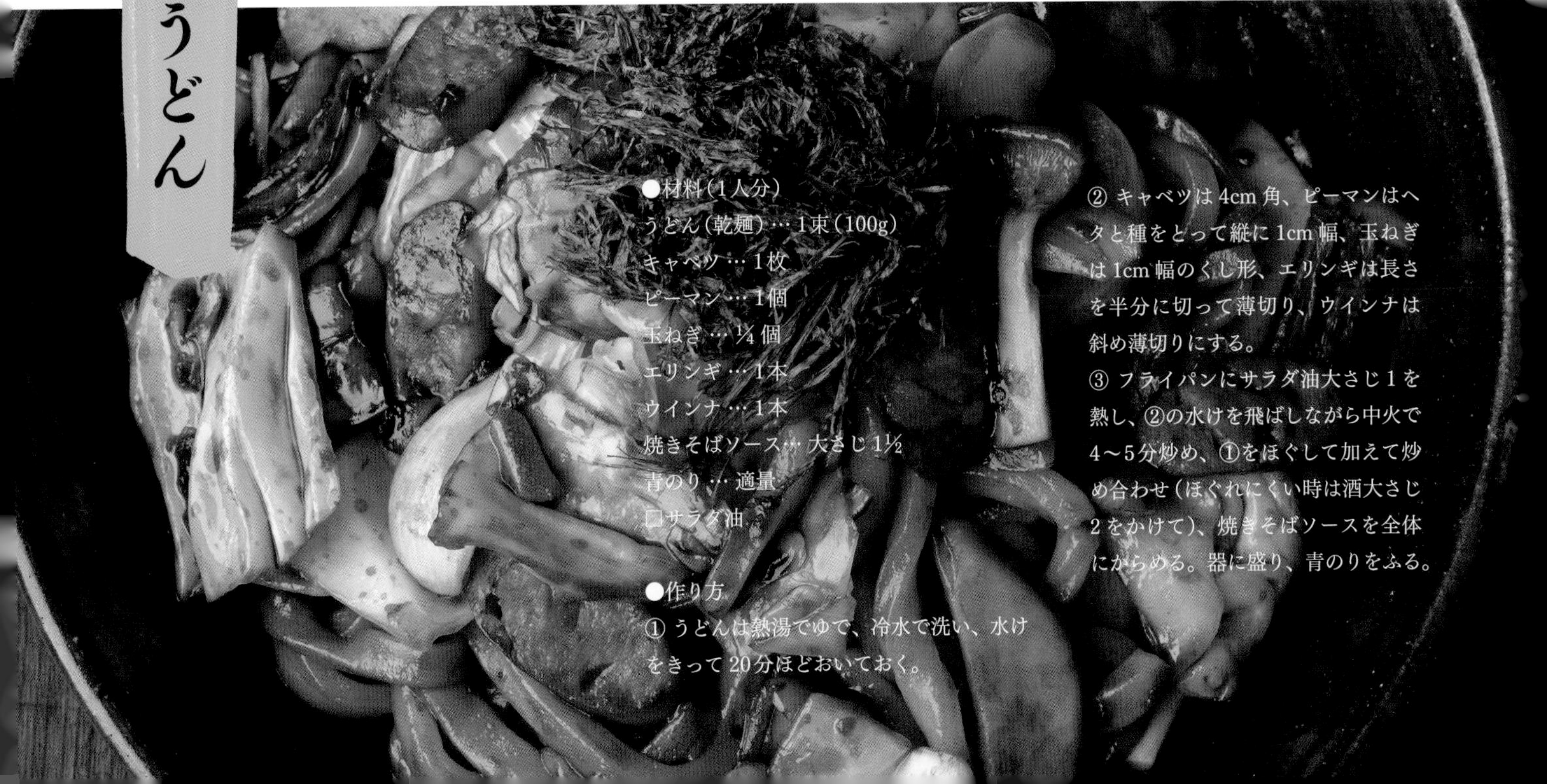

●材料（1人分）
うどん（乾麺）… 1束（100g）
キャベツ … 1枚
ピーマン … 1個
玉ねぎ … ¼ 個
エリンギ … 1本
ウインナ … 1本
焼きそばソース … 大さじ1½
青のり … 適量
□サラダ油

●作り方
① うどんは熱湯でゆで、冷水で洗い、水けをきって20分ほどおいておく。
② キャベツは4cm角、ピーマンはヘタと種をとって縦に1cm幅、玉ねぎは1cm幅のくし形、エリンギは長さを半分に切って薄切り、ウインナは斜め薄切りにする。
③ フライパンにサラダ油大さじ1を熱し、②の水けを飛ばしながら中火で4～5分炒め、①をほぐして加えて炒め合わせ（ほぐれにくい時は酒大さじ2をかけて）、焼きそばソースを全体にからめる。器に盛り、青のりをふる。

コラム④

麺のゆで方

スパゲッティ・中華麺

●スパゲッティ（乾麺）

麺100g（1人分）をゆでるのに、鍋に湯2ℓを沸かす。塩大さじ1強（20g=湯の1%）を加える。

スパゲッティを入れ、菜箸で静かに湯の中に沈める。

吹きこぼれず、絶えず沸騰しているくらいの火加減でゆでる。グラグラゆでると、スパゲッティの表面がざらつくので注意。

ざるに上げる前に、スパゲッティをほぐしたり、ソースをのばしたりするために、ゆで汁を½カップほど取り分けておく。

袋の表示時間を目安に、好みのかたさにゆでる。冷たくして食べる場合は、表示の時間より2分ほど長く、やわらかめに。ゆで上がったらざるに上げ、湯をきる。

ざるを上下に揺すって、しっかりと水けをきる。

●中華麺（生・乾麺）

麺1玉をゆでるのに、鍋は直径21cmのものを使用。鍋にたっぷりの湯を沸かし、生麺をよくほぐして入れる。乾麺の場合はそのまま入れる。

菜箸でほぐして火を弱め、吹きこぼれず、絶えず沸騰しているくらいの火加減でゆでる。

袋の表示時間を目安に、好みのかたさにゆでる。冷たくして食べる場合は、少しやわらかめに。ゆで上がったらざるに上げ、湯をきる。

ざるを上下に揺すって、しっかりと水けをきる。

◎冷たくして食べる → 湯をきったら流水の下で洗って麺をしめ、水けをきって使う。
◎温かくして食べる → 湯をきってそのまま使う。

スパゲッティ

本場イタリアの味から、
日本生まれの懐かしい味、
本邦初公開のオリジナルパスタまでご紹介。
おいしく作るコツは、塩をたっぷりめに加えて麺をゆでること。
味がぴしりと決まります。
ゆでたての熱々を、クルッといただきましょう。

四

＊スパゲッティのゆで方 ⇒ p.42 へ

生トマトの冷たいスパゲッティ

このスパゲッティに使うトマトは、味の濃いプチトマトがおすすめです。塩を加えてから、トマトの水分が出るまでちょっと待ちましょう。トマトから出た水分が、おいしいソースになるのです。にんにくは加熱してから使うと、香ばしくなり、辛味もなくなります。

●材料（1人分）

スパゲッティ … 80g

プチトマト … 10個

にんにく（みじん切り）… 2かけ分

A ｜バジルの葉（粗みじん切り）… 4枚分

｜玉ねぎ（みじん切り）… ¼個分

｜塩 … 小さじ⅓

｜こしょう … 少々

□オリーブ油、塩

●作り方

① プチトマトはヘタをとって縦4等分に切り、ボウルに入れてAを混ぜる。

② フライパンにオリーブ油大さじ2、にんにくを入れて弱火にかけ、にんにくが薄く色づいたら火を止め、冷めたら①に加えて5分ほどおく。

③ スパゲッティは塩を加えた熱湯で表示の時間より2分長くゆでて、冷水で洗い、水けをきる。②のソースに加えてあえる。

バジルソースのスパゲッティ

バジルの葉がたくさん手に入った時は、すり鉢ですって塩、オリーブオイルとともにびんに入れ、冷蔵保存すると長持ちします。冷蔵庫に入れるとオイルは固まりますが、温めれば溶けるので大丈夫。チーズを加える場合は、使う時に混ぜたほうが、香りがいいようです。サラダにしたり、ゆでたお肉をあえてサンドイッチにするなど、大活躍します。ちなみに分量は、バジルの葉、オリーブオイル各1カップに対し、塩小さじ1ぐらいの割合です。

●材料（1人分）
スパゲッティ … 100g
バジルの葉（あれば）… 少々
◎バジルソース
バジルの葉 … 8枚
松の実 … 大さじ2
パルメザンチーズ（すりおろす）… 大さじ2
にんにく（みじん切り）… ½かけ分
こしょう … 少々
□オリーブ油、塩

●作り方
① フライパンにオリーブ油大さじ2、にんにくを入れて弱火にかけ、薄く色づいたら火を止めて冷ます。
② ミキサーに①（油ごと）、残りのバジルソースの材料を入れ、なめらかになるまで回す（ミキサーがない場合は、すり鉢でする）。
③ スパゲッティは塩を加えた熱湯でゆで、湯をきってボウルに移し、②のソースを加えてあえる。器に盛り、バジルの葉を添える。

たらことカッテージチーズのスパゲッティ

レモン汁がたらこの臭みを消して、さわやかにしてくれます。たらこが余ったら薄皮をとり、同量のバターで炒め、冷蔵もしくは冷凍保存します。こうすると、いつでもあえるだけでたらこスパゲッティが楽しめますよ。熱々のゆでじゃがいもにからめてもおいしいです。

●材料（1人分）

スパゲッティ … 100g
たらこ（薄皮を除いて）… 大さじ3
カッテージチーズ … 大さじ3
レモン汁 … 小さじ½
焼きのり … 全形½枚
青じそ（せん切り）… 4枚分
□こしょう、バター、塩

●作り方

① たらこ、カッテージチーズ、レモン汁、こしょう少々、溶かしバター大さじ1は混ぜておく。
② スパゲッティは塩を加えた熱湯でゆで、湯をきり、熱々の鍋に戻す。①を加えて手早くあえ、器に盛り、焼きのりを手でもんで散らし、青じそをのせる。

ねぎスパゲッティ

どんな麺とも、ねぎは相性がよいのです。小麦の麺でも、米の麺でも、そば粉の麺でもです。で、スパゲッティに合わせてみたら、やっぱりぴったりでした。生ハムの塩けがアクセントになって、味を引き立てます。

●材料（1人分）

スパゲッティ … 100g
万能ねぎ … 10本
生ハム … 2〜3枚
レモン汁 … 小さじ1
□塩、オリーブ油、しょうゆ、こしょう

●作り方

① スパゲッティは塩を加えた熱湯でゆでる。
② フライパンにオリーブ油大さじ2を熱し、2cm幅の斜め切りにした万能ねぎを弱火でさっと炒め、湯をきった①を加えて炒め合わせ、しょうゆ小さじ1、レモン汁、こしょう少々を混ぜる。
③ 器に盛り、生ハムをのせる。好みでパルメザンチーズをかけていただく。

ツナと水菜のスパゲッティ

みんなが大好きなツナサラダをスパゲッティに変身させてみました。粒マスタードがちょっと大人っぽいですが、辛くはありませんから、子どもでも大丈夫です。もし粒マスタードが苦手なら、抜いてもいいですよ。

●材料（1人分）
スパゲッティ … 100g
ツナ缶（汁けをきる）… 小1缶（80g）
水菜 … 1株
玉ねぎ … ¼個
マヨネーズ、粒マスタード … 各大さじ1
□塩、オリーブ油、こしょう

●作り方
① 水菜は5cm長さに切り、玉ねぎは薄切りにする。
② スパゲッティは塩を加えた熱湯でゆで、ゆで上がる直前に水菜を加えて一緒にゆで、湯をきって器に盛る。
③ フライパンにオリーブ油大さじ1を熱し、玉ねぎを中火でさっと炒め、ツナを加えて炒め合わせ、火を止めてマヨネーズ、粒マスタード、こしょう少々を混ぜる。②にのせ、混ぜていただく。

せりとしらすのスパゲッティ

香りのよいせりに、赤唐辛子の辛味をきかせました。一緒に加えるしらすは、先にカリカリに炒めると香ばしくなります。せりのほんのりした苦味がおいしい、スパゲッティです。

●材料（1人分）
スパゲッティ … 100g
せり … ½束
しらす … 大さじ6
A ｜にんにく（みじん切り）… 2かけ分
　｜赤唐辛子（小口切り）… 少々
□塩、オリーブ油、こしょう

●作り方
① スパゲッティは塩を加えた熱湯でゆで、ゆで汁大さじ2は取り分けておく。
② フライパンにオリーブ油大さじ2、Aを入れて中火にかけ、香りが出たら根元を落として1cm幅に切ったせりを加えて炒め、しんなりしたらしらすを加えてカリッと炒める。
③ 湯をきった①、ゆで汁を加えて炒め合わせ、塩、こしょう各少々で味を調え、器に盛る。好みでしょうゆ小さじ1を加えてもいい。

ペペロンチーノ

麺をゆでる時の塩分をきちんと守ること、にんにくをこがさないようにすること。この2つさえ守れば、失敗はありません。素スパゲッティ（p.8）と並んで、基本中の基本のスパゲッティです。

●材料（1人分）

スパゲッティ … 100g

A｜にんにく（みじん切り）… 2かけ分
　｜赤唐辛子（小口切り）… 少々

パセリ（みじん切り）… 適量

□塩、オリーブ油、こしょう

●作り方

① スパゲッティは塩を加えた熱湯でゆで、ゆで汁大さじ2は取り分けておく。

② フライパンにオリーブ油大さじ2、Aを入れて弱火にかけ、香りが出るまで炒める（にんにくはこがさないように）。

③ 湯をきった①、ゆで汁を炒め合わせ、塩、こしょう各少々で味を調える。器に盛り、パセリを散らす。

しょっつるペペロンチーノ

しょっつる（p.17参照）は魚を発酵させて作るので、アンチョビと同じように、うまみ成分がたっぷり。炒めものや鍋ものにもいろいろ重宝に使えますし、長持ちしますから、なじみのない人も一度使ってみませんか。

●材料（1人分）

スパゲッティ … 100g
鶏ささみ … 1本
小松菜（5cm 長さに切る）… 2株分
A | にんにく（薄切り）… 1かけ分
　| 赤唐辛子（小口切り）… 少々
しょっつる（またはナンプラー）… 小さじ1
ゆずこしょう … 少々
□塩、オリーブ油

●作り方

① スパゲッティは塩を加えた熱湯でゆで、同じ湯にささみも加えて2分ほどゆで、ささみは手で粗くさく。ゆで上がる2分前に小松菜を加えて一緒にゆで、ゆで汁大さじ2は取り分けておく。
② フライパンにオリーブ油大さじ2、Aを入れて弱火にかけ、香りが出るまで炒める。
③ 湯をきった①、ゆで汁、しょっつるを加えて炒め合わせ、器に盛り、ゆずこしょうを添える。

にんじんとあさりのスパゲッティ

あさりのいちばんおいしい時期は春。今では一年じゅう買えますが、身がふっくらと太った時季に、食べないのはもったいないです。新にんじんをたっぷり加えて、カロリーも控えめにできました。

●材料（1人分）

スパゲッティ … 70g
にんじん … 大½本
あさり … ½パック（100g）
A | にんにく（みじん切り）… 2かけ分
　| 赤唐辛子（小口切り）… 少々
白ワイン … 大さじ1
バジルの葉（あれば・ちぎる）…少々
□塩、オリーブ油

●作り方

① あさりは塩水につけて砂を吐かせ、殻をこすり合わせるように洗う。にんじんは長めのせん切りにする。
② スパゲッティは塩を加えた熱湯でゆで、ゆで上がる3分前ににんじんを加え、一緒にゆでる。
③ フライパンにオリーブ油大さじ2、Aを入れて弱火にかけ、香りが出たらあさり、白ワインを加えてふたをし、口が全部開いたら、湯をきった②を炒め合わせる。器に盛り、バジルを散らす。

トマトクリームのスパゲッティ

シンプルなトマトソースでは味わえない、豊かなコク。でも、作り方は手間なしです。生クリームと相性のよいマッシュルームをバターで炒め、たっぷりと加えます。ベーコンやなすを加えると、具だくさんにもなります。

●材料（1人分）
スパゲッティ … 100g
マッシュルーム（生）… 4個
市販のトマトソース … 100g
生クリーム … 大さじ1½
パルメザンチーズ（すりおろす）、
　パセリ（みじん切り）… 各適量
□バター、塩、こしょう

●作り方
① マッシュルームは石づきをとり、薄切りにする。
② フライパンにバター大さじ1を溶かし、マッシュルームをしんなりするまで中火で炒め、トマトソース、生クリーム、塩、こしょう各少々を加えてひと煮立ちさせる。
③ スパゲッティは塩を加えた熱湯でゆで、湯をきって②に加え、手早く混ぜる。器に盛り、パルメザンチーズ、パセリをふる。

ミートソーススパゲッティ

子どもの時から大好きな味っていう人、多いんじゃないですか？ ちょっぴりトマトケチャップを加えて、イタリアの味ではないけれど、なんだか懐かしい味にしました。

●材料（1人分）
スパゲッティ … 100g
牛ひき肉 … 70g
市販のトマトソース … 100g
ケチャップ … 小さじ2
小麦粉 … 小さじ1
パルメザンチーズ（すりおろす）
　… 適量
□オリーブ油、塩、こしょう

●作り方
① フライパンにオリーブ油小さじ1を熱し、ひき肉を少しこげるくらいまで中火でカリッと炒める。小麦粉をふり入れ、トマトソース、ケチャップを加えて煮立て、塩、こしょう各少々で味を調える。
② スパゲッティは塩を加えた熱湯でゆで、湯をきって①に加え、手早く混ぜる。器に盛り、パルメザンチーズをふる。

濃いカルボナーラ

ベーコンとパルメザンチーズと生クリーム、おまけに卵黄。まさに禁断の味です。どうせ食べるのならおいしいのを食べたいから、自分で思いっきりリッチに作ります。ここで使うベーコンは、昔ながらの作り方のものがいいです。焼いてもカリカリにならないものもありますから、ご注意ください。

●材料（1人分）
スパゲッティ … 100g
ベーコン … 2枚
◎ソース
卵黄 … 1個分
パルメザンチーズ（すりおろす）… 大さじ3
生クリーム … 大さじ2
□塩、粗びき黒こしょう

●作り方
① フライパンに何もひかずにベーコンを入れ、弱火でカリカリに焼き、キッチンペーパーにのせて余分な脂をとり、キッチンばさみで1cm幅に切る。フライパンはそのままにしておく。
② スパゲッティは塩を加えた熱湯でゆでる。
③ ①のフライパンにソースの材料、ベーコンを入れて混ぜ、湯をきった②を加える。弱火にかけ、ソースが半熟状になるまで10秒ほど混ぜながら火を通し、器に盛って黒こしょうをたっぷりとふる。

フライパンにソースの材料を入れて混ぜ、湯をきったスパゲッティを加えてから、弱火にかける。

ゆっくりと混ぜながら10秒ほど火を通し、半熟状になったらすぐに火を止めて器に盛る。こうすると、卵がモロモロにならない。

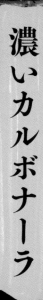

和風きのこのスパゲッティ

いろいろなきのこをたっぷりと使って、バターじょうゆ味で仕上げます。あとからのせる大根おろしが、麺をほぐれやすく、さっぱりとさせてくれます。バターのかわりににんにく＋オリーブオイルでもおいしくできます。

●材料（1人分）
スパゲッティ … 100g
好みのきのこ（しめじ、えのき、
　生しいたけなど）… 合わせて 70g くらい
長ねぎ … ½ 本
ベーコン … 1枚
赤唐辛子（小口切り）… 少々
大根おろし … ⅓ カップ
□塩、バター、しょうゆ、こしょう

●作り方
① きのこは石づきをとって、食べやすい大きさに切り、長ねぎは斜め薄切り、ベーコンは 1cm 幅に切る。
② スパゲッティは塩を加えた熱湯でゆでる。
③ フライパンにバター大さじ 1 を溶かし、長ねぎ、ベーコン、赤唐辛子、きのこの順に中火で炒め、きのこがしんなりしたらしょうゆ小さじ 2、こしょう少々を混ぜる。湯をきった②を加えて炒め合わせ、器に盛り、軽く水けを絞った大根おろしをのせ、しょうゆ少々をかける。

ひじきのマカロニサラダ風

ひじきは芽ひじきと長ひじきが一般的ですが、やわらかい芽ひじきは水で戻すだけで使えます。生のままサラダに、天ぷらのころもに混ぜてもおもしろいです。お好み焼きや卵焼きにもいいですよ。体のためにたくさん食べたい海藻ですが、こんな料理なら無理なく使えます。

●材料（2人分）
マカロニ … 50g
芽ひじき（乾燥）… 小さじ 2
クレソン（3cm 長さに切る）… 6本分
ベーコン … 1枚
にんにく（薄切り）… 1かけ分
A　レモン汁 … 小さじ 2
　　しょうゆ … 小さじ 2
　　こしょう … 少々
□塩、オリーブ油

●作り方
① マカロニは塩を加えた熱湯で少しやわらかめにゆで、冷水にとって水けをきる。ひじきは水につけて戻し、水けをきる。
② フライパンに何もひかずにベーコンを入れ、弱火でカリカリに焼き、ペーパーにのせて脂をとり、1cm 幅に切る。
③ フライパンにオリーブ油大さじ 3、にんにくを入れて弱火にかけ、薄く色づいたら火を止めて冷ます。これと①、②、クレソン、A を混ぜ、器に盛る。

給食のナポリタン

これはもう、日本食と言っていいと思います。喫茶店や給食でおなじみですね。スパゲッティをゆでたら、少し時間をおき、へたっとした状態にしてから炒めます。粉チーズとタバスコがお約束で、アルデンテは厳禁です。

●材料（1人分）
スパゲッティ … 100g
玉ねぎ … ¼個
ピーマン … 1個
ロースハム … 2枚
マッシュルーム（缶詰）… 小½缶
ケチャップ … 大さじ3
パルメザンチーズ（すりおろす）… 適量
□塩、サラダ油、こしょう

●作り方
① スパゲッティは塩を加えた熱湯でゆで、湯をきってサラダ油大さじ1を混ぜ、1時間ほどおいておく。
② 玉ねぎは1cm幅、ピーマンはヘタと種をとって縦に1cm幅、ハムは半分に切って1cm幅に切る。
③ フライパンにサラダ油大さじ1を熱し、②をしんなりするまで中火で炒め、汁けをきったマッシュルーム、①を加えて炒め合わせる。ケチャップ、こしょう少々を全体にからめ、器に盛ってパルメザンチーズをふり、好みでタバスコをかけていただく。

麺に油をからめて少しおいておき、へたっとさせるのがコツ。こうすると、あの懐かしいナポリタンに仕上がる。

スパゲッティオムレツ

イタリア人のお母さんが、ゆでたスパゲッティが余った時、次の朝にこれを作ってお弁当に持たせる、と言っていました。お弁当じゃなくてもわざわざ作りたい、ボリュームオムレツ。ナポリタンをオムレツにしてもおいしいですよ。

●材料（作りやすい分量・3～4人分）

ゆでたスパゲッティ … 100g
ポークランチョンミート（「スパム」）… 60g
グリーンアスパラ … 1束
玉ねぎ … ¼個
卵 … 3個
牛乳 … 大さじ2
ピザ用チーズ … 50g
□塩、こしょう、バター

●作り方

① ランチョンミートは1cm角、アスパラは1cm幅、玉ねぎはみじん切りにする。
② ボウルに卵を割りほぐし、牛乳、ピザ用チーズ、塩小さじ¼、こしょう少々を加えて混ぜる。
③ フライパン（直径18cm）にバター大さじ1を溶かし、①をしんなりするまで炒め、ゆでたスパゲッティ、②を流して大きくかき混ぜ、半熟状になったら1分焼く。平らなふたを使って裏返し、2分焼く。

卵の底にこんがりと焼き色がついたことをチェック！

平らなふたをかぶせる。木の落としぶたがおすすめ。

フライパンごとひっくり返し（熱いので注意）、オムレツをふたの上にのせ、すべらせながらフライパンに戻す。

スパゲッティグラタン

これも、ゆでたスパゲッティが余った時におすすめです。スパゲッティは塩を加えてゆでてあるので、ホワイトソースの塩分は少なめに。麺がソースの水分を吸うので、ソースたっぷりめで作ります。こげたチーズがごちそうです。

●材料（2人分）
ゆでたスパゲッティ … 100g
ウインナ … 2本
マッシュルーム（生）… 4個
ブロッコリー（小房に分ける）… 2個
玉ねぎ … ¼ 個
小麦粉 … 大さじ 2
牛乳 … 2カップ
ピザ用チーズ … 30g
□バター、塩、こしょう

●作り方
① ゆでたスパゲッティは 7～8cm 長さ、ウインナは斜め薄切り、マッシュルームは石づきをとって 5mm 厚さに、ブロッコリーは 3cm 角に刻み、玉ねぎは薄切りにする。
② フライパンにバター大さじ 2 を溶かし、①のウインナと野菜をしんなりするまで中火で炒める。小麦粉をふり入れて炒め、バターとなじんだら冷たい牛乳を加えて混ぜながら煮立て、とろっとしたら①のスパゲッティ、塩、こしょう各少々を混ぜる。
③ グラタン皿に②を入れ、ピザ用チーズをのせ、温めたオーブントースターでこんがり焼き色がつくまで焼く。

コラム⑤

麺に添えたい塩もみ野菜のちいさなおかず

大根 + ちりめん山椒

◎材料（1～2人分）と作り方

大根5cm は皮をむいて薄いいちょう切りにし、塩小さじ ⅓ をふってもむ。しんなりしたら水けを絞り、ちりめん山椒大さじ２を混ぜる。

にんじん + ハム

◎材料（1～2人分）と作り方

にんじん１本は皮をむいて４～5cm 長さのせん切りにし、塩小さじ ¼ をふってもむ。しんなりしたら水けを絞り、せん切りにしたロースハム３枚分を混ぜる。

白菜 + 青じそ

◎材料（1～2人分）と作り方

白菜１枚は２～3cm 長さに切って細切りにし、塩小さじ⅓をふってもむ。しんなりしたら水けを絞り、せん切りにした青じそ４枚分を混ぜる。

オクラ + ささみ

◎材料（1～2人分）と作り方

鶏ささみ１本は耐熱皿にのせて酒少々をふり、ラップをかけて電子レンジ（600W）で２分ほど加熱し、冷めたら粗くさく。オクラ８本はヘタをとって小口切りにし、塩小さじ⅓をふってもみ、ささみと混ぜる。

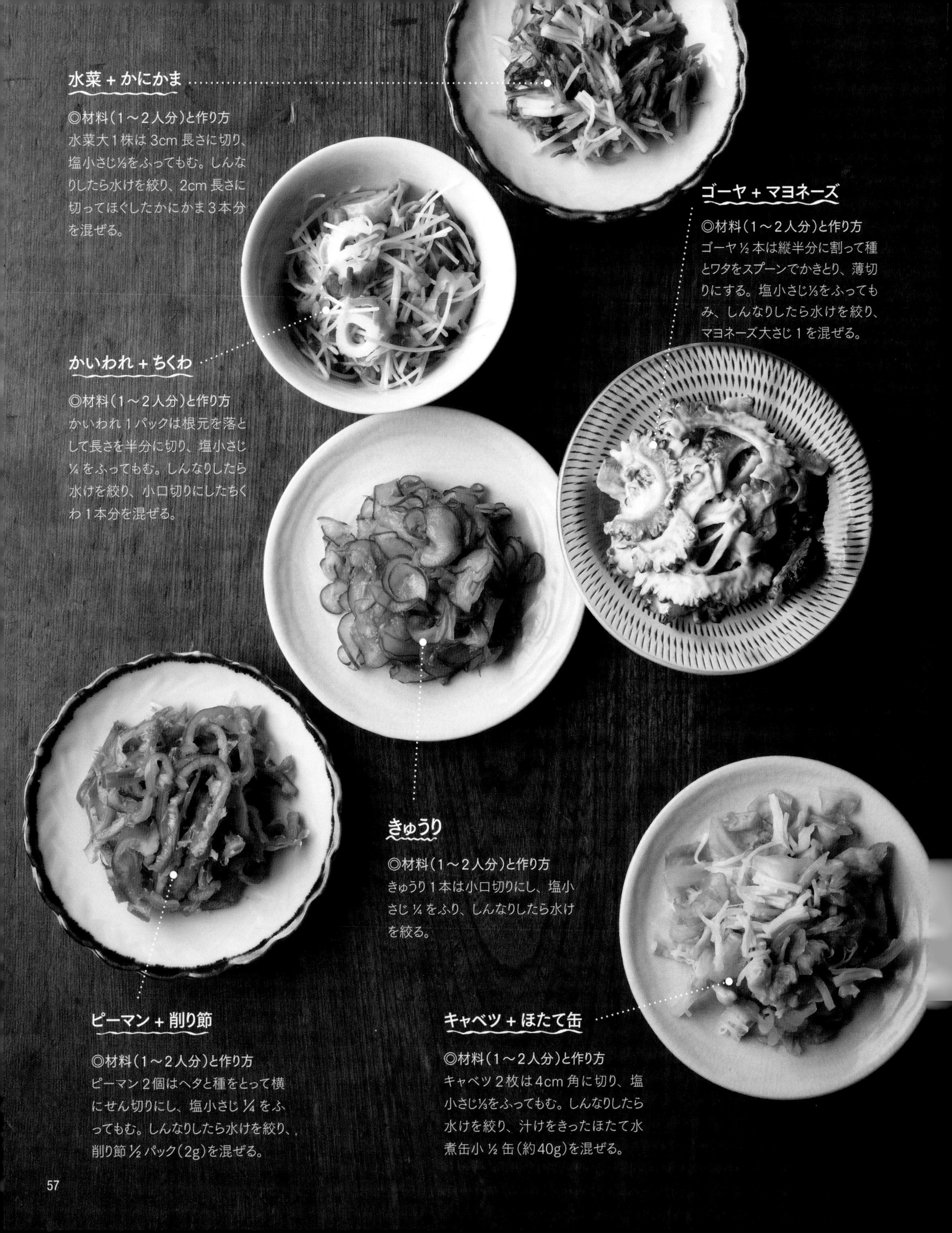

水菜＋かにかま

◎材料（1～2人分）と作り方
水菜大1株は3cm長さに切り、塩小さじ⅓をふってもむ。しんなりしたら水けを絞り、2cm長さに切ってほぐしたかにかま3本分を混ぜる。

ゴーヤ＋マヨネーズ

◎材料（1～2人分）と作り方
ゴーヤ½本は縦半分に割って種とワタをスプーンでかきとり、薄切りにする。塩小さじ⅓をふってもみ、しんなりしたら水けを絞り、マヨネーズ大さじ1を混ぜる。

かいわれ＋ちくわ

◎材料（1～2人分）と作り方
かいわれ1パックは根元を落として長さを半分に切り、塩小さじ¼をふってもむ。しんなりしたら水けを絞り、小口切りにしたちくわ1本分を混ぜる。

きゅうり

◎材料（1～2人分）と作り方
きゅうり1本は小口切りにし、塩小さじ¼をふり、しんなりしたら水けを絞る。

ピーマン＋削り節

◎材料（1～2人分）と作り方
ピーマン2個はヘタと種をとって横にせん切りにし、塩小さじ¼をふってもむ。しんなりしたら水けを絞り、削り節½パック（2g）を混ぜる。

キャベツ＋ほたて缶

◎材料（1～2人分）と作り方
キャベツ2枚は4cm角に切り、塩小さじ⅓をふってもむ。しんなりしたら水けを絞り、汁けをきったほたて水煮缶小½缶（約40g）を混ぜる。

長ねぎ＋ごま油

◎材料（1～2人分）と作り方
長ねぎ½本は斜め薄切りにし、塩小さじ¼をふってもむ。しんなりしたら水けを絞り、ごま油小さじ2を混ぜる。

かぶ＋生ハム

◎材料（1～2人分）と作り方
かぶ大3個は皮つきのまま薄い半月切りにし、塩小さじ⅓をふってもむ。しんなりしたら水けを絞り、ちぎった生ハム2～3枚分を混ぜる。

なす＋梅干し

◎材料（1～2人分）と作り方
なす1本はヘタをとり、縦半分に割って薄切りにし、塩小さじ¼をふってもむ。しんなりしたら水けを絞り、種をとって細かく刻んだ梅干し1個分を混ぜる。

みょうが

◎材料（1～2人分）と作り方
みょうが2個は斜め薄切りにし、塩ふたつまみをふってもみ、しんなりしたら水けを絞る。

セロリ＋コーン

◎材料（1～2人分）と作り方
セロリ1本は筋をとって斜め薄切りにし、塩小さじ¼をふってもむ。しんなりしたら水けを絞り、ホールコーン（缶詰）大さじ3を混ぜる。

中華麺

冷やし中華に、汁あり、汁なしのラーメン、
焼きそばまでバラエティ豊かに。
しっかり食べたい時は、中華麺です。
ちょっと黄色い麺の、独特の香りとのどごしは、
こってり系の具と合わせると
うまい、うまい！

五、

＊中華麺のゆで方 ⇒ p.42 へ

冷やし中華

冷やし中華発祥のお店では、富士山の姿をまねて盛りつけを考えたそうです。具はそのお店とは違いますが、シンプルな酢じょうゆだれの、誰でも知っている冷やし中華です。お風呂屋さんのペンキ絵職人さんが描いてくれた、富士山の前で撮りました。

●材料（1人分）
中華麺（生または乾麺）… 1玉
卵 … 1個
ロースハム … 4枚
きゅうり … ½本
紅しょうが、練りがらし … 各少々
◎つゆ
酢、しょうゆ … 各大さじ1½
砂糖 … 小さじ1½
ごま油 … 小さじ1
鶏ガラスープの素 … ひとつまみ
水 … 大さじ4
□塩、こしょう、サラダ油

●作り方
① 卵は割りほぐして塩、こしょう各少々を混ぜ、サラダ油少々を熱したフライパンで薄く焼き、せん切りにする。ハムときゅうりもせん切りにする。
② 中華麺は熱湯でやわらかめにゆで、冷水で洗い、水けをきって器に盛る。
③ ②に混ぜたつゆをかけ、①の具をのせ、紅しょうが、練りがらしを添える。

中華乾麺
都一（みやこいち）の乾麺「中華そば」は、小麦の味がおいしく、日持ちもするので常備しています。ゆでて汁あり麺のほか、焼きそばにも使います。
㊂ 都一
☎043-232-2102（平日9:00〜17:00）
http://www.miyakoichi.com/

めかぶ冷やし中華

三陸のリアス式海岸に沿ってゆっくり電車で旅した時、駅の立ち食いそば屋さんでめかぶラーメンを食べました。おいしかったので、冷やし中華にアレンジしてみました。暑い日には、酢を多めにするとさっぱりします。

●材料（1人分）
中華麺（生または乾麺）… 1玉
豚しゃぶしゃぶ用肉 … 4枚
めかぶ … 1パック（50g）
水菜 … 1株
しょうが（すりおろす）… 小さじ1
◎つゆ
酢、しょうゆ … 各大さじ1½
砂糖 … 小さじ1½
ごま油 … 小さじ1
鶏ガラスープの素 … ひとつまみ
水 … 大さじ4
□塩

●作り方
① 水菜は4cm長さに切り、塩小さじ¼をふってもみ、しんなりしたら水けを絞る。
② 中華麺は熱湯でやわらかめにゆで、同じ湯に豚肉も加えてさっとゆで、豚肉は取り出す。麺は冷水で洗い、水けをきって器に盛る。
③ ②に①、豚肉、めかぶ、しょうがをのせ、混ぜたつゆをかける。

ごまだれ冷やし中華

ごまだれは、サラダにもしゃぶしゃぶにも使えます。ラー油を加えてピリ辛味にもできます。具はゆでたお肉や生野菜、ゆで野菜、白身のお刺身、何でもおいしく作れます。

●材料（1人分）
中華麺（生または乾麺）… 1玉
鶏ささみ … 1本
トマト（くし形切り）… 小さめ½個分
長ねぎ（みじん切り）… 10cm分
乾燥カットわかめ … 大さじ1
◎つゆ
白すりごま … 大さじ2
酢、しょうゆ … 各大さじ1½
砂糖 … 小さじ1½
マヨネーズ、ごま油 … 各小さじ1
鶏ガラスープの素 … ひとつまみ
水 … 大さじ4
□七味唐辛子

●作り方
① わかめは水につけて戻し、水けをきる。
② 中華麺は熱湯でやわらかめにゆで、同じ湯にささみも加えて2分ゆで、ささみは手で粗くさく。麺は冷水で洗い、水けをきって器に盛る。
③ 麺に①、ささみ、長ねぎ、トマトをのせ、混ぜたつゆをかけ、七味唐辛子をふる。

トマトラーメン

びっくりする色のスープですが、これ、アリなんです。インスタントラーメンにも使えます。ほうれんそうや小松菜、キャベツ、コーンなどの野菜をたっぷり入れて、野菜不足を補いましょう。

●材料（1人分）
中華麺（生または乾麺）… 1玉
ほうれんそう … 3株
ホールコーン（缶詰）… 大さじ 3
◎スープ
トマトジュース（食塩無添加）… ½ カップ
鶏ガラスープの素 … 小さじ 1½
水 … 1½ カップ
塩 … 小さじ ⅓
しょうゆ … 小さじ ¼
こしょう … 少々
□粗びき黒こしょう

●作り方
① 中華麺は熱湯でゆで、ゆで上がる 1分前に 5cm 長さに切ったほうれんそうを加えて一緒にゆで、湯をきって器に入れる。
② 鍋にスープの材料を入れて煮立たせ、①に注ぎ、コーンをのせて黒こしょうをふる。

ねぎラーメン

ねぎは小口切りにすると香りがいいし、せん切りにすると歯ざわりがいい。両方のいいとこどりで、斜め薄切りにしました。塩とごま油が、辛味を消してくれます。ねぎ好きの人は、ねぎを水洗いしないで使うと、より香りが立ちます。

材料（1人分）
中華麺（生または乾麺）… 1玉
長ねぎ … 1本
市販のチャーシュー（薄切り）… 4枚
◎スープ
鶏ガラスープの素 … 小さじ 1½
水 … 2カップ
しょうゆ … 大さじ 1
塩 … 小さじ ¼
こしょう … 少々
□塩、こしょう、ごま油

●作り方
① 長ねぎは斜め薄切りにし、水で洗って水けをきり、チャーシューは 1cm 幅に切る。これらをボウルに入れ、塩小さじ⅓、こしょう少々、ごま油小さじ 2 を加えて混ぜる。
② 中華麺は熱湯でゆで、湯をきって器に入れる。
③ 鍋にスープの材料を入れて煮立たせ、②に注ぎ、①をのせる。

もやしラーメン

もやしは精進料理でもだしとして使われるほど、うまみを含んでいます。山盛りのもやしを入れたら、うまいこと間違いなし。いつもは脇役のもやしが主役の、塩ラーメンです。

材料（1人分）
中華麺（生または乾麺）… 1玉
豚薄切り肉 … 2枚
もやし … ⅔～1袋
水菜 … 1株
◎スープ
鶏ガラスープの素 … 小さじ 1½
水 … 2カップ
塩 … 小さじ ½
こしょう … 少々
□ごま油、粗びき黒こしょう

●作り方
① 豚肉は 3cm 幅、水菜は 4cm 長さに切る。
② フライパンにごま油大さじ 1 を熱し、豚肉を炒め、水菜、もやしを加えて強火で手早く炒める。スープの材料を加え、ひと煮立ちさせる。
③ 中華麺は熱湯でゆで、湯をきって器に入れる。②を注ぎ、黒こしょうをふる。

担々麺《タンタンメン》2種

辛いごまだれの担々麺2つです。つけ麺はしょうゆベース、汁麺はみそベースです。練りごまを使わずに、すりごまでもおいしくできました。コツはひき肉をしっかり炒めること。豆乳を加えるとまろやかで、誰でもおいしく仕上がりますよ。

●作り方

① チンゲンサイは長さを半分に切り、根元は縦4等分に割る。

② フライパンにサラダ油大さじ1を熱し、ひき肉を少しこげるまでカリッと炒め、Aを加えて香りが出たら、B、豆乳とすりごまの順に加えてひと煮立ちさせる。

③ 中華麺は熱湯でゆで、ゆで上がる2分前に①を加えて一緒にゆで、湯をきって麺は器に入れる。②を注ぎ、チンゲンサイをのせる。

サンマー麺

しょうゆ味にとろみをつけた、野菜たっぷりのこの麺は、横浜のほうに行くとよく見かけます。塩味のお店もあります。特別に個性的な味ではないけれど、たまに食べたくなる安心の味です。

●材料（1人分）

中華麺（生または乾麺）… 1玉
豚薄切り肉 … 2枚
にんじん … 小 1/5 本
小松菜 … 1株
にら … 1/2 束
もやし … 1/2 袋
うずら卵の水煮 … 1個
◎スープ
鶏ガラスープの素 … 小さじ 1 1/2
水 … 2カップ
しょうゆ … 大さじ1
塩 … 小さじ 1/3
こしょう … 少々
A 片栗粉 … 大さじ1
　水 … 大さじ1
□ごま油、粗びき黒こしょう

●作り方

① 豚肉は3cm幅、にんじんは短冊、小松菜とにらは4cm長さに切る。

② フライパンにごま油大さじ1を熱し、豚肉を中火で炒め、肉に火が通ったらにんじん、小松菜、にら、もやしの順に加えてしんなりするまで炒める。スープの材料を加えてひと煮立ちさせ、よく混ぜたAを少しずつ加えてとろみをつける。

③ 中華麺は熱湯でゆで、湯をきって器に入れる。②を注いで黒こしょうをふり、うずら卵をのせる。

担々《タンタン》ごまだれつけ麺

●材料（1人分）

中華麺（生または乾麺）… 1玉
長ねぎ（みじん切り）… 大さじ3

◎たれ

豚ひき肉 … 50g

A
- しょうが（みじん切り）… 小さじ1
- にんにく（みじん切り）… 小さじ1
- 豆板醤《トウバンジャン》 … 小さじ½～1

B
- 豆乳（成分無調整）… 1カップ
- しょうゆ … 大さじ1
- 鶏ガラスープの素 … 小さじ½

□ごま油、サラダ油

●作り方

① フライパンにごま油小さじ2を熱し、ひき肉を少しこげるくらいまで中火でカリッと炒め、Aを炒め合わせて香りが出たら、Bを加えてひと煮立ちさせる。
② 中華麺は熱湯でゆで、湯をきってサラダ油小さじ2を混ぜ、器に盛る。長ねぎを添え、①のたれにつけていただく。

汁あり担々《タンタン》麺《メン》

●材料（1人分）

中華麺（生または乾麺）… 1玉
チンゲンサイ … 1株

◎スープ

豚ひき肉 … 50g

A
- 長ねぎ（みじん切り）… 大さじ3
- しょうが（みじん切り）… 小さじ1
- にんにく（みじん切り）… 小さじ1

B
- 鶏ガラスープの素 … 小さじ1½
- 水 … 1カップ
- みそ … 大さじ1
- しょうゆ … 小さじ1
- 豆板醤《トウバンジャン》 … 小さじ½～1

豆乳（成分無調整）… 1カップ
白すりごま … 大さじ2
□サラダ油

サンラータン風汁麺

すっぱいのが好きな人は、器に盛ってから酢をかけましょう。この麺の辛味は黒こしょう。酢も黒こしょうも、お好みの分量で。

●材料（1人分）

中華麺（生または乾麺）… 1玉
豚薄切り肉 … 2枚
白菜 … 1枚
にんじん … 小⅕本
生しいたけ … 1枚
卵 … 1個
◎スープ
鶏ガラスープの素 … 小さじ1½
水 … 2カップ
塩 … 小さじ½
A ｜片栗粉 … 小さじ2
　｜水 … 大さじ1
□酢、粗びき黒こしょう

●作り方

① 豚肉は2cm幅、白菜は1cm幅、にんじんは短冊、しいたけは石づきをとって薄切りにする。
② 鍋にスープの材料を煮立たせ、①を加えてアクをすくって中火で3分煮、混ぜたAを加えてとろみをつけ、溶いた卵を流して火を通す。
③ 中華麺は熱湯でゆで、湯をきって器に入れる。②を注ぎ、酢少々、黒こしょうをかける。

辛いひき肉の油麺

台湾風の汁なし麺です。肉みそに五香粉《ウーシャンフェン》ひとつまみを加えても。油をからめるだけのシンプルな麺なので、麺そのものの味が大切です。

●材料（1人分）

中華麺（生または乾麺）… 1玉
豚ひき肉 … 40g
にら（5cm長さに切る）… ¼束分
A ｜長ねぎ（みじん切り）… 大さじ1
　｜しょうが（みじん切り）… 小さじ1
　｜にんにく（みじん切り）… 小さじ1
B ｜白すりごま … 大さじ1
　｜しょうゆ … 小さじ1½
　｜みそ … 小さじ1
　｜豆板醤《トウバンジャン》… 小さじ½
C ｜ごま油 … 大さじ1
　｜鶏ガラスープの素 … 小さじ¼
長ねぎ（粗みじん切り）… 適量
□サラダ油、粗びき黒こしょう

●作り方

① フライパンにサラダ油小さじ1を熱し、ひき肉をこげるまで中火でカリッと炒め、Aを炒め合わせて香りが出たら、Bをからめる。
② 中華麺は熱湯でゆで、ゆで上がる直前ににらを加え、湯をきってCを混ぜて器に盛る。
③ ②に①、長ねぎをのせ、黒こしょうをふる。

韓国風辛いラーメン

韓国のラーメンは乾燥麺のことが多いので、インスタントラーメンで作ってもいいですよ。味のついた汁で麺を軽く煮込み、卵は溶いてふわりと火を通します。

●材料（1人分）

中華麺（生または乾麺）… 1玉

A ｜長ねぎ（斜め薄切り）… ½ 本分
　｜にんにく（薄切り）… ½ かけ分

卵 … 1個

粉唐辛子（または一味唐辛子）… 少々

◎スープ

鶏ガラスープの素 … 小さじ 1½

水 … 2カップ

しょうゆ … 大さじ 1

コチュジャン … 小さじ 1

塩、こしょう … 各少々

●作り方

① 中華麺は熱湯で少しかためにゆで、湯をきる。

② 鍋に A、スープの材料を入れて煮立たせ、溶いた卵を少しずつ流し、火が通ったら①を加えてひと煮立ちさせる。器に盛り、粉唐辛子をふる。好みですりごまや小口切りの長ねぎを加えても。

あんかけかた焼きそば

リッとした麺も、あんがからんでやわらかくなった麺も、どちらもおいしいです。酢をかけるとさっぱりしますし、ウスターソースをかけることもあります。

●材料（1人分）

中華揚げ麺 … 1玉
豚薄切り肉 … 2枚
にんにくの芽 … 5本
もやし … ¼袋
しめじ … 小⅓パック
長ねぎ … ½本
パプリカ（赤）… ⅛個

◎あん
鶏ガラスープの素 … 小さじ1
水 … 1½カップ
しょうゆ … 小さじ2
塩 … 小さじ¼
こしょう … 少々
A 片栗粉 … 大さじ1
　水 … 大さじ1
□サラダ油

中華揚げ麺
中華麺を油でカリカリに揚げた、かた焼きそば用の麺。太めと細めがあり、好みでどちらを使っても。

●作り方

① 豚肉は2cm幅、にんにくの芽は3cm長さ、しめじは石づきをとって食べやすくほぐし、長ねぎは斜め薄切り、パプリカはヘタと種をとって細切りにする。
② フライパンにサラダ油大さじ1を熱し、豚肉を炒め、火が通ったら残りの①、もやしを加えてさっと炒める。あんの材料を加えて煮立たせ、混ぜたAでとろみをつける。
③ 器に麺を盛り、②のあんをかける。

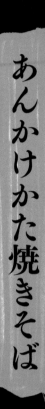

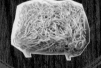

野菜ちゃんぽん

強い火力で野菜を炒め、スープで煮ると、油がスープに混じって白濁し、ちゃんぽん独特のまろやかさが出ます。これ、家庭では難しいので、豆乳を少し加えてまろやかにしてみました。野菜たっぷりのスープで、かためにゆでた麺を煮て、うまみを麺に吸わせます。

●材料（1人分）

太めの中華麺（生）… 1玉
豚薄切り肉 … 2枚
キャベツ … 2枚
玉ねぎ … ¼個
にんじん … 小⅕本
生しいたけ … 1枚
絹さや … 4枚
かにかま … 2本
うずら卵の水煮 … 1個
ラード（またはサラダ油）… 大さじ1
◎スープ
A ｜ 鶏ガラスープの素 … 小さじ1½
　｜ 水 … 2カップ
　｜ 塩 … 小さじ⅓
豆乳（成分無調整）… ¼カップ

●作り方

① 中華麺は熱湯で少しかためにゆで、湯をきる。
② 豚肉は2cm幅、キャベツは3cm角、玉ねぎは1cm幅、にんじんは短冊、しいたけは石づきをとって薄切りに。絹さやは筋をとり、かにかまは縦、横半分に切る。
③ フライパンにラードを溶かし、②、うずら卵を中火でさっと炒め、Aを加えて煮立たせる。豆乳、①の順に加えてひと煮立ちさせ、汁ごと器に盛る。

塩焼きそば

中華の焼きそばは、ゆでたての麺で作ります。細めのものより、太めや幅広の麺がいいと思います。近所の中華料理屋さんで30年以上前に出会った、上海風焼きそばのおいしさには驚きでした。

●材料（1人分）

太めの中華麺（生）… 1玉＊
殻つきえび（ブラックタイガーなど）… 4尾
小松菜（3cm 長さに切る）… 1株分
長ねぎ（斜め薄切り）… 1本分
生しいたけ（薄切り）… 2枚分
A｜にんにく（薄切り）… ½ かけ分
　｜赤唐辛子（小口切り）… 少々
小麦粉 … 小さじ 1
B｜鶏ガラスープの素 … 小さじ ⅓
　｜塩 … 小さじ ⅓
　｜こしょう … 少々
□塩、こしょう、サラダ油　＊または、中華蒸し麺でも OK

●作り方

① えびは背ワタをとって殻をむき、塩、こしょう各少々、小麦粉をまぶす。
② 中華麺は熱湯でゆで、湯をきる。
③ フライパンにサラダ油大さじ 2 を熱し、えびを中火でさっと炒めて A、野菜を加え、しんなりしたら②、B を加えて炒め合わせる。器に盛り、好みで酢やからしを加えていただく。

魚肉ソーセージのカレー焼きそば

アメリカの中華料理店で「シンガポール風〇〇」というメニューを注文すると、カレー粉を使ったものが出てきました。カレー味のビーフンがおいしかったので、焼きそばにアレンジ。豚肉やシーフードで作ってもいいですね。

●材料（1人分）

太めの中華麺（生）… 1玉＊
魚肉ソーセージ … 1本
万能ねぎ … 6本
にんにく（薄切り）… 1 かけ分
トマト … 小さめ 1個
A｜カレー粉、しょうゆ … 各小さじ 1
　｜塩 … 小さじ ¼
　｜こしょう … 少々
□サラダ油
＊または、中華蒸し麺でも OK

●作り方

① 魚肉ソーセージは縦半分に割って斜め薄切り、万能ねぎは 3cm 長さ、トマトは 2cm 角に切る。
② 中華麺は熱湯でゆで、湯をきる。
③ フライパンにサラダ油大さじ 2 を熱し、魚肉ソーセージ、万能ねぎ、にんにくを中火でさっと炒め、②、A を加えて炒め合わせる。器に盛り、トマトをのせる。

ソースいか焼きそば

ソース焼きそばは、中華の焼きそばと違い、ゆでたての麺でなくてもおいしくできます。気に入っている焼きそばソースは、町の製麺所に置いてあるもので、その名も「やきそばソース」。このソース、あじフライ、いかフライにかけてもとてもおいしいですよ。

●材料（1人分）

中華麺（生または乾麺）… 1玉＊
冷凍ロールいか … 100g
キャベツ … 大きめ1枚
玉ねぎ … 1/4個
にんじん … 小1/5本
焼きそばソース … 大さじ2
青のり、紅しょうが … 各適量
□サラダ油、塩、こしょう
＊または、中華蒸し麺でもOK

●作り方

① 中華麺は熱湯でゆで、湯をきる。
② いかは電子レンジにかけるか軽く自然解凍し、1cm幅の短冊に、キャベツは4cm角、玉ねぎは1cm幅、にんじんは皮をむいてせん切りにする。
③ フライパンにサラダ油大さじ1を熱し、いかを中火でさっと炒め、半分くらい火が通ったら野菜を加え、水けを飛ばしながら3〜4分じっくり炒める。
④ ①、焼きそばソースを加えて炒め合わせ、塩、こしょう各少々で味を調える。器に盛って青のりをふり、紅しょうがを添える。

スクランブルエッグの作り方

1.

卵は溶き、牛乳、塩、こしょうなどを混ぜる。フライパンにバター小さじ１を中火で溶かし、バターが半分溶けたら、卵液を一気に流し入れる。

2.

バターを溶かしながら、卵の中に混ぜ込むようにして、木ベラですぐに底からゆっくり大きく混ぜる。

3.

好みのかたさの一歩手前になったら火を止め、

4.

ひと混ぜしてでき上がり。すぐに取り出す。

目玉焼きの作り方

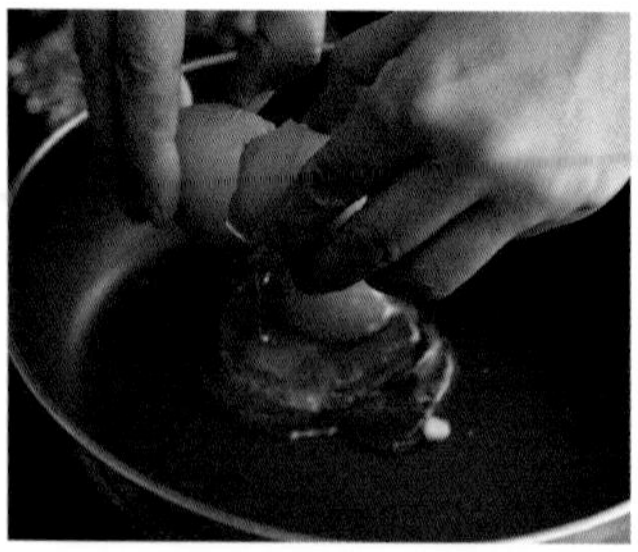

1.

フライパンにサラダ油小さじ１を入れて熱し、油が十分に熱くなったら、油の上に卵を割り入れる。

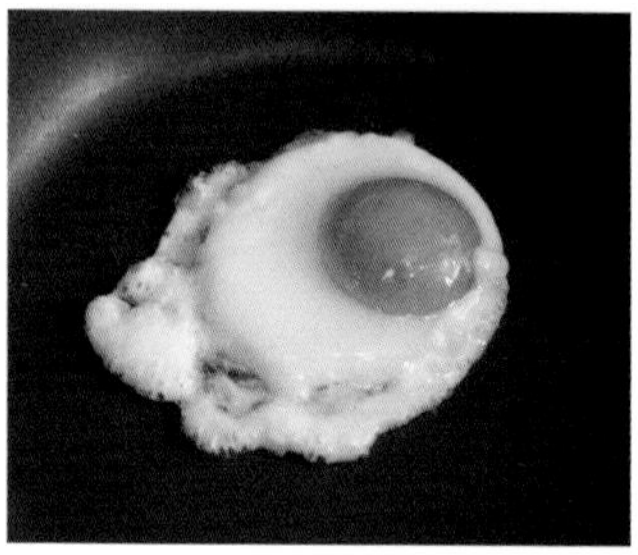

2.

中火で、ふたはしないで焼く。ふたをすると黄身が白くなって、カリッと仕上がらない。白身の周囲はカリッと、黄身が半熟状になるまで焼く。

目玉焼き（半折り）の作り方

1.

上と同じようにして目玉焼きを焼き、白身の周囲が固まってきたら、菜箸で白身の端を持ち上げる。

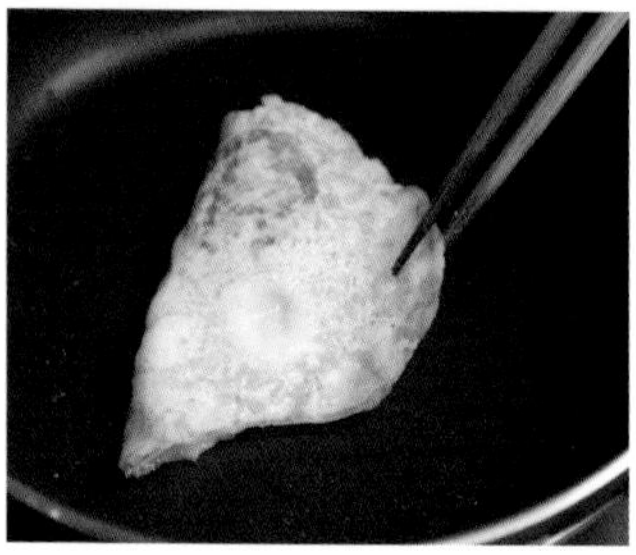

2.

卵黄にかぶせて半分に折り、ひと呼吸おき、裏返して反対側もさっと焼く。黄身を半熟状に仕上げるのがコツ。

一
卵かけ丼

アツアツごはんと相性抜群の卵ですが、
いつもとちょっぴり違う素材を組み合わせると、
意外なおいしさを発見できます。
和風、洋風、中華風、韓国風…。
ぜひ、いろいろお試しください。

卵黄納豆マヨネーズ

卵黄とマヨネーズで
納豆のにおいが抑えられ、
ぐんとまろやかになります。
納豆初心者の人におすすめの組み合わせ。
もちろん、納豆好きの方にとっては、
たまらないおいしさです。

◎材料（1人分）

卵黄 … 1個分
A｜納豆 … 1パック（50g）
　｜しょうゆ … 小さじ1
万能ねぎ（小口切り）… 1本
マヨネーズ … 小さじ1
ごはん … 茶碗に大盛り1杯分

一　ごはんによく混ぜたA、
卵黄、万能ねぎ、マヨネーズをかける。
全体を混ぜて食べる。

POST CARD

おそれいりますが
切手を
お貼りください

104-8357

東京都中央区京橋3-5-7
(株)主婦と生活社　料理編集
『何もしたくない日でも、無性に食べたくなる。
ささ〜っとラク麺&だーっとかけ丼170』係行

ご住所 〒　　　－	
お電話　　　（　　　　）	
お名前（フリガナ） 男・女　年齢　歳	
ご職業　1. 主婦　2. 会社員　3. 自営業　4. 学生　5. その他（　　）	
未婚・既婚（　）年	家族構成（年齢）

『何もしたくない日でも、無性に食べたくなる。ささ〜っとラク麺&だーっとかけ丼 170』はいかがでしたか? 今後の企画の参考にさせていただくため、アンケートにご協力ください。

＊お答えいただいた方、先着1000名の中から抽選で20名様に、小社刊行物（料理本）をプレゼントいたします(刊行物の指定はできませんので、ご了承ください)。当選者の発表は、商品の発送をもってかえさせていただきます。

Q1 この本を購入された理由は何ですか?

Q2 この本の中で「作りたい」と思った料理を3つお書きください。

(　　　　)ページの(　　　　　　　　　　　　　　　　)

(　　　　)ページの(　　　　　　　　　　　　　　　　)

(　　　　)ページの(　　　　　　　　　　　　　　　　)

Q3 この本の表紙・内容・ページ数・価格のバランスはいかがですか?

Q4 あなたが好きな料理研究家と、その理由を教えてください。

Q5 フォローされている料理関連のSNS(Instagram、YouTube、Twitter)で、特にお気に入りのアカウント名と、その理由を教えてください。

Q6 この本についてのご意見、ご感想をお聞かせください。

＊ご協力ありがとうございました＊

卵黄にらコチュジャン

韓国に行った時の朝ごはんをまねしてみました。
ごはんが茶碗大盛り1杯なら、卵黄だけ。
どんぶりに大盛り1杯なら、
全卵にしてもいいですよ。

◎ 材料（1人分）

卵黄 … 1個分
にら（小口切り）… 2本
コチュジャン、ごま油、しょうゆ
　… 各小さじ1
粗びき黒こしょう … 少々
ごはん … 茶碗に大盛り1杯分

一　ごはんに卵黄、にら、コチュジャン、ごま油、黒こしょう、しょうゆをかける。全体を混ぜて食べる。

コチュジャン

韓国の唐辛子みそで、もち米、赤唐辛子、米麹などを混ぜて熟成させたもの。辛さの中に甘みとコク、深みがあり、石焼きビビンパや鍋ものなどによく使われる。

目玉焼きとバターコーン

コーンは、焼き色がつくくらいに炒めると、余分な水けが飛んでぐっとおいしくなります。苦くなるので、こがさないように。

◎材料（1人分）

卵 … 1個
ホールコーン … 大さじ3
ベーコン（細切り）… ½枚
バター … 小さじ1
塩、粗びき黒こしょう、しょうゆ … 各少々
ごはん … 茶碗に大盛り1杯分

一 フライパンにバターを溶かし、コーンとベーコンを中火でこがさないように2〜3分炒める。あいたところに卵を割り入れ、ふたをせずに黄身が半熟状の目玉焼きを作る（p72参照）。

二 ごはんに❶、塩、黒こしょう、しょうゆをかけ、黄身をくずしながら食べる。

目玉焼きチャーシュー食べるラー油

市販のチャーシューも
さっと焼いて温めると、
とってもやわらかでジューシーに。
ラー油の辛さで味をひきしめます。

◎材料（1人分）

- 卵 … 1個
- 市販のチャーシュー … 2枚
- 万能ねぎ（小口切り）… 1本
- 市販の食べるラー油 … 小さじ1
- 塩、粗びき黒こしょう、しょうゆ … 各少々
- ごはん … 茶碗に大盛り1杯分

一　フライパンにサラダ油少々（分量外）を熱し、チャーシューをさっと焼いて取り出す。続けて卵を割り入れ、中火でふたをせずに黄身が半熟状の目玉焼きを作る（p72参照）。

二　ごはんに❶、万能ねぎ、食べるラー油、塩、黒こしょう、しょうゆをかけ、黄身をくずしながら食べる。

目玉焼き甘酢あん

ただの目玉焼きなのに
甘酢あんをかけたら、あら不思議、
天津《テンシン》丼みたいな味に。
目玉焼きの新しいおいしさをどうぞ。

◎材料（1人分）

- 卵 … 1個
- A
  - 酢、砂糖 … 各小さじ2
  - しょうゆ … 小さじ1½
  - 水 … ⅓カップ
  - 片栗粉 … 小さじ1
- サラダ油 … 小さじ1
- ごはん … 茶碗に大盛り1杯分
- みつば（ざく切り）、粗びき黒こしょう … 各少々

一　フライパンにサラダ油を熱し、卵を割り入れ、白身が固まってきたら菜箸で端を持ち、半分に折る（p72参照）。

二　黄身が半熟状になったら、混ぜたAを加えてとろみをつけ、ごはんにみつば、黒こしょうとともにかける。

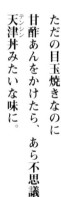

半熟ゆで卵とねぎみそ

七味唐辛子は仕上げにふってもいいいし、
ねぎみそに加えて、
ピリ辛味に仕上げてもおいしいです。
ゆで卵は、好みのやわらかさでどうぞ。

◎材料（1人分）

- 半熟ゆで卵 … 1個
- A
  - 長ねぎ（小口切り）… 5cm
  - みそ … 大さじ1
  - 削り節 … $\frac{1}{4}$パック（1g）
- ごはん … 茶碗に大盛り1杯分
- 七味唐辛子 … 少々

一 Aは合わせて10分おき、ゆで卵は殻をむいて食べやすく切る。

二 ごはんにゆで卵、A、七味唐辛子をかける。

＊半熟ゆで卵の作り方

卵（冷蔵庫から出してすぐのもの）は、先が丸いほうに画びょうで穴をあけ、塩少々を加えた熱湯にお玉を使って静かに入れる。最初の1分は転がしながら、あとは好みの時間ゆでる。ゆるい半熟なら9～10分、まん中がやわらかいくらいなら11分～11分半。冷水にとって冷まし、水の中で殻をむく。

温玉ささみめかぶ

あっさりとしたささみと
めかぶの歯ごたえで、
食欲のない日でも食べられます。
しょうがが味のポイントです。

◎材料(1人分)

温泉卵 … 1個
鶏ささみ … 1本
めかぶ(味つき) … 1パック(50g)
オクラ … 2本
しょうゆ、しょうが(すりおろす)
　… 各少々
ごはん … 茶碗に大盛り1杯分

一　ささみは筋をとってラップで包み、
電子レンジ(600W)で50秒加熱し
(またはゆでてもいい)、
冷めたら粗くほぐし、めかぶと混ぜる。
オクラは塩ゆでし、小口切りにする。

二　ごはんに❶、温泉卵、しょうゆをかけ、
しょうがを添える。全体を混ぜて食べる。

温玉わさびふりかけ

わさびふりかけは、

「そんなにかけちゃダメでしょ」

というくらい、たっぷりめが好き。

わさび好きの方は、
ぜひおろしわさびを添えて。

◎材料(1人分)

温泉卵 … 1個
わさびふりかけ … 大さじ1
しょうゆ、おろしわさび … 各少々
ごはん … 茶碗に大盛り1杯分

一　ごはんにたっぷりのわさびふりかけ、
温泉卵、しょうゆをかけ、
わさびを添える。

スクランブルエッグのチリソース

材料が多いチリソースですが、炒めた薬味野菜に調味料を加えるだけ。作り方は簡単です。卵にえびや鶏肉を足すと、ボリューム満点に。

材料（1人分）

A
- 卵 … 2個
- 牛乳 … 大さじ1
- 塩、こしょう … 各少々

B
- 長ねぎ（みじん切り）… 10cm
- しょうが（みじん切り）… 小さじ1
- にんにく（みじん切り）… 小さじ$\frac{1}{2}$

C
- ケチャップ … 大さじ2
- 酢、砂糖 … 各小さじ1
- 豆板醤《トウバンジャン》 … 小さじ$\frac{1}{2}$
- 水 … $\frac{1}{2}$カップ
- 片栗粉 … 小さじ1

- サラダ油 … 小さじ1
- ごはん … 茶碗に大盛り1杯分
- 長ねぎの青い部分（みじん切り）… 少々

一 フライパンにサラダ油を熱し、混ぜたAを流して混ぜ、半熟状で取り出す（p72参照）。

二 同じフライパンにサラダ油小さじ1（分量外）を足し、Bをしんなりするまで1分ほど炒め、混ぜたCを加えてとろみをつける。ごはんに❶、長ねぎとともにかける。

焼き卵かけごはん

卵かけごはんをフライパンでバター焼きにします。まわりはカリッと、中はトロトロの半熟状に仕上げるのがコツです。

材料（1人分）

A
- 卵 … 1個
- ごはん … 茶碗に大盛り1杯分
- なめたけ（びん詰）… 大さじ2
- しょうゆ … 小さじ1

- バター … 小さじ1
- 焼きのり（ちぎる）… 全形$\frac{1}{2}$枚
- 万能ねぎ（小口切り）… 1本

一 フライパンにバターを中火で溶かし、混ぜたAを流し入れ、軽く混ぜて片側に寄せ、オムレツ形に焼く。

二 器に盛り、のり、万能ねぎをかける。

ふわふわめんつゆかき玉

煮汁が冷たいうちに卵を混ぜ、
卵が固まるまでしっかり火を通して、
「失敗したかき玉汁」みたいになれば成功。
そんな、ちょっと変わった一品です。
つゆがからんだ、
ふわふわの卵がおいしいです。

◎材料（1人分）

卵 … 2個

A | 市販のめんつゆ（3倍濃縮）… 大さじ2
  | 水 … 大さじ6

長ねぎ（斜め薄切り）… 5cm

ごはん … 茶碗に大盛り1杯分

みつば（ざく切り）… 2本

七味唐辛子 … 少々

一 鍋にA、溶いた卵を入れて混ぜ、
中火にかけて混ぜながら煮立たせる。
卵に火が通ったら、長ねぎを加えて火を止める。

二 ごはんに❶、みつば、七味唐辛子をかける。

ポイント

卵は火にかける前の冷たい煮汁に加え、菜箸でよく混ぜる。

絶えず混ぜながら中火にかけ、卵に火が通ってモロモロになれば、でき上がり。

スクランブルエッグと昆布のつくだ煮

昆布のうまみを存分に生かしたごはんです。
卵はやわらかく仕上げたほうが、
ごはんとなじみます。

◎材料（1人分）

A｜卵 … 1個
　｜牛乳 … 小さじ$1\frac{1}{2}$
　｜塩、こしょう … 各少々
バター … 小さじ1
市販の昆布のつくだ煮 … 大さじ山盛り1
ごはん … 茶碗に大盛り1杯分
山椒の葉（あれば・ちぎる）… 少々

一　フライパンにバターを中火で溶かし、混ぜたAを流し入れ、ゆっくり大きく混ぜて半熟状に火を通す（p72参照）。

二　ごはんに昆布のつくだ煮、❶をかけ、山椒の葉を散らす。

キムチいり卵

キムチの辛みと酸味を、
卵がまろやかにしてくれます。
キムチのうまみが卵に移って、
ごはんによく合います。

◎材料（1人分）

A｜卵 … 1個
　｜塩、こしょう … 各少々
白菜キムチ（ざく切り）… 50g
ごま油 … 小さじ1
万能ねぎ（5mm幅の斜め切り）… 1本
ごはん … 茶碗に大盛り1杯分

一　フライパンにごま油を熱し、キムチを中火でさっと炒め、片側に寄せて混ぜたAを流し入れ、卵が半熟状になったらキムチと混ぜる。

二　ごはんに万能ねぎ、❶をかける。

二 納豆・豆腐・油揚げかけ丼

手間いらずの納豆や豆腐は、朝ごはんにぴったりです。定番の薬味でいただくのは、もちろんおいしいですが、いろんな薬味を試してみると、おもしろいです。目新しい組み合わせ、いろいろご紹介します。

納豆キムチ

ご存じ、最強の組み合わせ。玉ねぎとマヨネーズを合わせたら、5分おきましょう。辛みが消えて、うまみが増します。

◎材料（1人分）

A | 納豆 … 1パック（50g）
　| しょうゆ … 小さじ1

白菜キムチ（粗みじん切り）… 30g

B | 玉ねぎ（みじん切り）、
　| 　マヨネーズ … 各小さじ1

ごはん … 茶碗に大盛り1杯分

万能ねぎ（2cm幅に切る）… 適量

一 Bは合わせて5分おき、Aはよく混ぜ、キムチを加えて混ぜる。

二 ごはんに納豆キムチ、B、万能ねぎをかける。

納豆クリームチーズ

納豆にはからしが合いますが、これは、ぜひわさびを使ってください。わさびのさわやかさが、クリームチーズとよく合います。

◎材料（1人分）

A | 納豆 … 1パック（50g）
　| しょうゆ … 小さじ1

クリームチーズ … 1個（18g）

焼きのり（ちぎる）… 全形1/2枚

ごはん … 茶碗に大盛り1杯分

おろしわさび … 少々

一 クリームチーズは室温に戻してやわらかく練り、よく混ぜたAに加えて混ぜる。

二 ごはんにのり、❶をかけてわさびを添え、全体を混ぜて食べる。好みでしょうゆをかけてもいい。

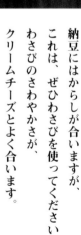

納豆たたき長いも

粘る素材、3種類の競演です。
オクラは生のまま刻むと、
シャキシャキした歯ごたえが
いいアクセントになります。

◎材料（1人分）

A｜納豆 … 1パック（50g）
　｜しょうゆ … 小さじ1
長いも … 5cm
オクラ … 1本
ごはん … 茶碗に大盛り1杯分

一　長いもは皮をむいてポリ袋に入れ、すりこ木などで少しかたまりが残るくらいにたたく。オクラは塩少々（分量外）でもんで水洗いし、ヘタをとって小口切りにする。

二　よく混ぜたAに❶を加え、ごはんにかける。好みでわさびを添えてもおいしい。

焼き納豆と卵チーズ

納豆は焼くことで、
少しやわらかく、食べやすくなります。
アツアツのごはんにのせたチーズが
トロリと溶けて、納豆となじみます。

◎材料（1人分）

納豆 … 1パック（50g）
卵 … 1個
バター … 小さじ½
スライスチーズ（ちぎる）… 1枚
しょうゆ … 小さじ1
ごはん … 茶碗に大盛り1杯分

一　フライパンにバターを中火で溶かし、納豆を入れてまん中をドーナッツ状にあけ、卵を割り入れて水大さじ2を加え、ふたをして1〜2分蒸し焼きにする。

二　ごはんに❶、スライスチーズ、しょうゆをかける。

納豆アボカド揚げ玉

味つけにしょうゆではなく、めんつゆを使います。天かすのカリカリが、くせになるおいしさです。

◎材料（1人分）

A｜納豆 … 1パック（50g）
　｜市販のめんつゆ（3倍濃縮）… 小さじ1$\frac{1}{2}$

アボカド … $\frac{1}{2}$個

揚げ玉 … 小さじ2

ごはん … 茶碗に大盛り1杯分

おろしわさび … 少々

一　アボカドは種を除いて手で皮をむき（p87参照）、ひと口大に切る。

二　ごはんによく混ぜたA、❶、揚げ玉をかけ、わさびを添える。

納豆アボカド玉ねぎマヨ

味のポイントとなるアボカドは、よく熟したものを使いましょう。納豆とアボカドのやわらかさが、同じくらいなのが理想です。

◎材料（1人分）

A｜納豆 … 1パック（50g）
　｜しょうゆ … 小さじ1

アボカド … $\frac{1}{4}$個

B｜玉ねぎ（みじん切り）… 大さじ1
　｜マヨネーズ … 小さじ2

ごはん … 茶碗に大盛り1杯分

一　Bは合わせて5分おき、アボカドは種を除いて手で皮をむき（p87参照）、1cm角に切る。

二　よく混ぜたAに❶を加え、ごはんにかける。

納豆アボカドチーズ

アボカドは、火を通すとやわらかく
トロリとした食感になります。
納豆、溶けたチーズと組み合わせると、
とろけるもの同士、相性抜群です。

◎材料(1人分)

納豆 … 1パック(50g)
アボカド … $\frac{1}{2}$個
しょうゆ … 小さじ1
バター … 小さじ$\frac{1}{2}$
スライスチーズ(ちぎる)… 1枚
ごはん … 茶碗に大盛り1杯分

一 アボカドは種を除いて手で皮をむき、ひと口大に切る。

二 フライパンにバターを溶かし、❶を中火でさっと炒め、納豆、水大さじ1を加えて手早く炒め合わせ、しょうゆをからめる。
ごはんにスライスチーズとともにかける。

『アボカドの種のはずし方』

アボカドは包丁で縦に1周切り込みを入れる。

手でねじって半分に割り、

包丁の角を種に刺し、少しひねって種をはずす。

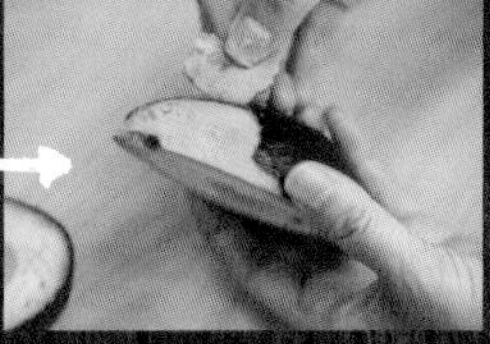

手で皮をむく。

豆腐の鶏ひきあん

鶏ひき肉のだしで豆腐を煮た、
やさしい味のおかずです。
最後にのせたしょうがの香りが、
薄味のあんを引き立てます。

◎材料(1人分)

絹ごし豆腐 … $\frac{1}{4}$丁(75g)

A
- 鶏ひき肉 … 30g
- 生しいたけ(薄切り)… 1枚
- 長ねぎ(小口切り)… 5cm
- 薄口しょうゆ … 大さじ1
- だし汁 … 1カップ

B
- 片栗粉、水 … 各小さじ2

ごはん … 茶碗に大盛り1杯分

みつば(ざく切り)、しょうが(すりおろす)… 各少々

一 鍋にAを入れて混ぜながら中火にかけ、煮立ったらアクを除き、豆腐を加えて木ベラなどで軽くくずす。

二 みつば、混ぜたBを加えてとろみをつけ、ごはんにかけ、しょうがを添える。

中華風冷たい薬味豆腐

長ねぎ、しょうがなどの薬味を
たっぷり加えていただきます。
ごはんと具が同じくらいの量なのが、
ちょうどいいバランスです。

◎材料(1人分)

木綿豆腐 … $\frac{1}{4}$丁(75g)

A
- 市販のチャーシュー(粗みじん切り)… 2枚
- 味つきザーサイ(びん詰・みじん切り)… 大さじ山盛り2
- 長ねぎ(みじん切り)… 5cm
- しょうが(みじん切り)… 小さじ2
- しょうゆ … 小さじ$1\frac{1}{2}$
- ごま油 … 小さじ1

ごはん … 茶碗に大盛り1杯分

一 豆腐はキッチンペーパーに5分のせ、軽く水けをきり、手でくずしてAと混ぜる。ごはんにかけて食べる。

くずしマーボー豆腐

豆腐は切らずに
マーボーあんに加えて、
フライパンの中でくずします。
こうすると、ぐっと味がしみ込みます。
辛みは、豆板醤《トウバンジャン》の量で加減してください。

一 フライパンにサラダ油を熱し、ひき肉を中火でこげ目がつくまで炒め、Aを加えて香りが出たら、混ぜたBを加えてとろみをつける。

二 豆腐を加えて木ベラなどでくずし、豆腐が温まったらごはんにかける。

◎材料(1人分)

木綿豆腐 … 1/4丁(75g)
豚ひき肉 … 40g
A｜長ねぎ(みじん切り)… 5cm
　｜しょうが(みじん切り)… 小さじ1
　｜にんにく(みじん切り)
　｜　… 小さじ1/2
B｜しょうゆ … 小さじ2
　｜オイスターソース … 小さじ1
　｜豆板醤《トウバンジャン》 … 小さじ1/2
　｜水 … 1/2カップ
　｜片栗粉 … 小さじ1 1/2
サラダ油 … 小さじ1
ごはん … 茶碗に大盛り1杯分

ポイント

マーボーあんができたら、豆腐は大きいまま加えてOK。ここで木ベラなどで食べやすくくずして。

厚揚げのしょうがあん

しょうがをピリッときかせたあんかけ。
しょうゆとだしのシンプルな味つけで、
ほっとするおいしさです。
塩昆布のうまみが欠かせません。

◎材料（1人分）

厚揚げ（絹ごし）… 小1枚（150g）

A
- 長ねぎ（斜め薄切り）… 10cm
- しょうが（せん切り）… 薄切り 4枚
- しょうゆ … 小さじ $2\frac{1}{2}$
- だし汁 … 1カップ

B
- 片栗粉、水 … 各小さじ2

ごはん … 茶碗に大盛り1杯分

塩昆布（細切り）… ひとつまみ

一　厚揚げはキッチンペーパーで押さえて余分な油をとり、1cm厚さのひと口大に切る。

二　鍋に❶、Aを入れて煮立たせ、混ぜたBを加えてとろみをつける。ごはんに塩昆布とともにかける。

厚揚げのスイートチリソースあえ

市販のチリソースでエスニック味に。チリソースは辛いホットタイプ、甘めのスイートタイプ、どちらでもおいしくできます。

◎材料（1人分）

厚揚げ（絹ごし）… 小1枚（150g）
市販のスイートチリソース … 大さじ2
レタス（せん切り）… 1枚
香菜《シャンツァイ》（ざく切り）… 1株
ごはん … 茶碗に大盛り1杯分

一 厚揚げはキッチンペーパーで押さえて余分な油をとり、オーブントースターで薄く焼き色がつくまで7～8分焼き、ひと口大に切ってスイートチリソースであえる。

二 ごはんにレタス、❶、香菜をかける。

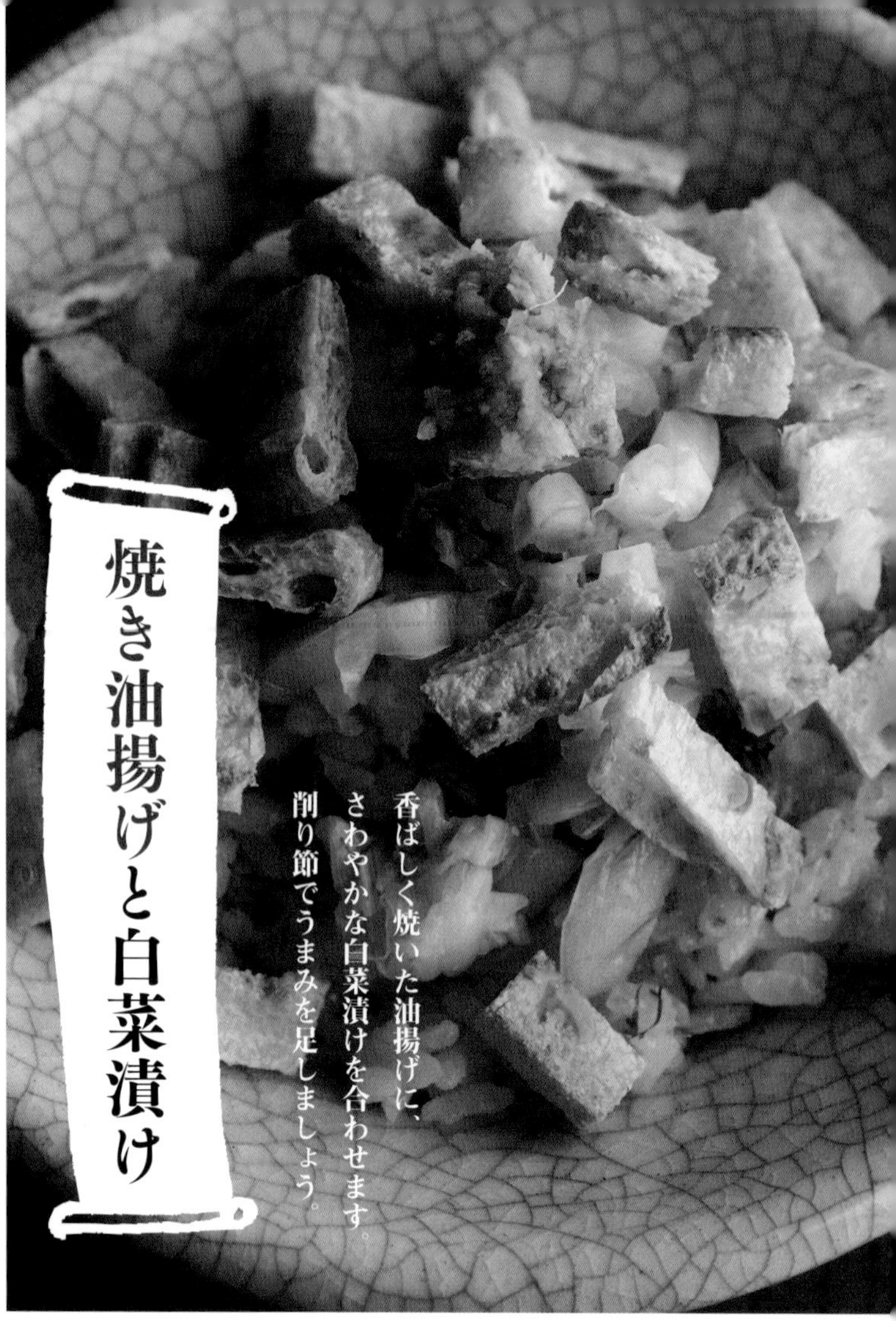

焼き油揚げと白菜漬け

香ばしく焼いた油揚げに、
さわやかな白菜漬けを合わせます。
削り節でうまみを足しましょう。

◎材料（1人分）

油揚げ … 1/2 枚
白菜漬け（せん切り）… 50g
削り節 … 1/4 パック（1g）
しょうゆ … 少々
ごはん … 茶碗に大盛り１杯分
しょうが（すりおろす）… 小さじ１

一　油揚げはキッチンペーパーで包み、しっかり押して余分な油をとり、オーブントースターか魚焼きグリルで焼き色がつくまで焼き、短冊に切る。

二　ごはんに削り節、白菜漬け、❶、しょうゆをかけ、しょうがを添える。

煮油揚げとおろし塩昆布

油揚げは、甘辛味の炒め煮に。
すだちやレモンなどを絞ると、
ぐんとおいしくなります。

◎材料（1人分）

油揚げ（余分な油をふいて短冊切り）… 1/2 枚
A｜市販のめんつゆ（３倍濃縮）… 小さじ２
　｜水 … 1/4 カップ
大根おろし（水けを軽く絞る）… 1/2 カップ＊
かいわれ（ざく切り）… 1/4 パック
塩昆布（細切り）… ひとつまみ
ごはん … 茶碗に大盛り１杯分
しょうゆ、すだち … 各適量
＊あれば「鬼おろし」ですりおろす

一　フライパンを何もひかずに熱し、油揚げを中火でさっと炒め、Ａを加えて汁けがなくなるまで煮る。

二　ごはんに塩昆布とかいわれ、❶、大根おろし、しょうゆをかけ、すだちを添える。

三、缶詰・びん詰・漬けもの かけ丼

いざという時に役立つ
缶詰、びん詰、漬けものに、
野菜をどっさり加えて料理しました。
不足しがちな野菜をたっぷりいただく工夫です。
彩りもよくなって、ボリュームも増します。

ツナのナポリタン風

マヨネーズ味にすることが多いツナですが、ケチャップ味もおいしいんです。これ、パンの具にもおすすめです。

◎材料（1人分）

ツナ缶（汁けをきる）… 小1缶（80g）
玉ねぎ（薄切り）… $\frac{1}{4}$ 個
ピーマン（細切り）… 1個
A ケチャップ … 大さじ $1\frac{1}{2}$
　しょうゆ … 小さじ $\frac{1}{2}$
　塩、こしょう … 各少々
サラダ油 … 小さじ1
ごはん … 茶碗に大盛り1杯分
粗びき黒こしょう、粉チーズ … 各少々

一　フライパンにサラダ油を熱し、玉ねぎを中火でしんなりするまで炒め、ピーマン、ツナを加えてさっと炒め、Aをからめる。

二　ごはんに❶、黒こしょう、粉チーズをかける。

ツナとカッテージチーズ

カロリー低めのカッテージチーズで、ヘルシー&良質なたんぱく質もたっぷり。マカロニを加えて、サラダにしても。

◎材料（1人分）

A ツナ缶（汁けをきる）… 小 $\frac{1}{2}$ 缶（40g）
　カッテージチーズ … 大さじ2
　塩 … 少々
B 玉ねぎ（みじん切り）… 大さじ3
　マヨネーズ … 大さじ1
オリーブ油、ケッパー … 各小さじ1
ごはん … 茶碗に大盛り1杯分
粗びき黒こしょう、サラダほうれんそう
　（またはベビーリーフ）… 各適量

一　Bは合わせて5分おき、Aに加えて混ぜる。

二　ごはんに❶、オリーブ油、黒こしょう、ケッパーをかけ、ほうれんそうを添える。

ほたて缶とからしゆでキャベツ

ほたて缶の汁はきって使いますが、缶汁は、とてもよいだしになります。捨てずにみそ汁やスープに使いましょう。

◎材料（1人分）

A | ほたて貝柱缶（汁けをきる）… 小1缶（70g）
　| マヨネーズ … 小さじ2
　| しょうゆ … 小さじ$\frac{1}{2}$

キャベツ（3cm角に切る）… 1枚

青じそ（せん切り）… 2枚

B | しょうゆ … 小さじ1
　| 練りがらし … 小さじ$\frac{1}{2}$

ごはん … 茶碗に大盛り1杯分

しょうゆ、練りがらし … 各少々

一　キャベツは塩少々（分量外）を加えた熱湯で3分ゆで、水にとって水けを絞り、青じそを混ぜてBであえる。

二　ごはんに❶、混ぜたA、しょうゆをかけ、からしを添える。

ほたて缶と揚げ玉

香りのよい薬味をたっぷり加えて、わさびじょうゆでいただきます。そうめんやうどんにかけても合います。

◎材料（1人分）

ほたて貝柱缶（汁けをきる）… 小1缶（70g）

揚げ玉 … 小さじ2

| かいわれ（ざく切り）… $\frac{1}{2}$パック
| みょうが … 1個

焼きのり（ちぎる）… 全形$\frac{1}{2}$枚

A | しょうゆ … 小さじ2
　| おろしわさび … 小さじ$\frac{1}{3}$

ごはん … 茶碗に大盛り1杯分

一　みょうがは縦半分に切って斜め薄切りにし、かいわれを混ぜる。

二　ごはんにのり、❶、揚げ玉、ほぐしたほたて缶、混ぜたAをかける。

さば缶とポン酢玉ねぎ

玉ねぎにポン酢をかけてもむと、辛みが消えて、さわやかになります。玉ねぎの代わりに、白菜キムチでも。

材料（1人分）

さばの水煮缶 … 1/2 缶（約100g）
玉ねぎ（薄切り）… 1/4 個
ポン酢じょうゆ … 大さじ2
かいわれ（ざく切り）… 1/4 パック
ごはん … 茶碗に大盛り1杯分
七味唐辛子、ゆずこしょう … 各少々

一 さば缶は汁けをきって粗くほぐし、玉ねぎはポン酢じょうゆをかけて軽くもみ、しんなりさせる。

二 ごはんにかいわれ、❶、七味唐辛子をかけ、ゆずこしょうを添える。

いわし缶の粒マスタードマヨ

玉ねぎは塩で軽くもむと、すぐに辛みがぬけ、おいしく使えます。粒マスタードともよく合うので、ぜひたっぷりかけてください。

材料（1人分）

いわしの味つき缶 … 1缶（100g）
玉ねぎ（薄切り）… 1/4 個
万能ねぎ（小口切り）… 1本
A　マヨネーズ … 大さじ1
　　粒マスタード … 小さじ2
ごはん … 茶碗に大盛り1杯分

一 いわし缶は汁けをきって縦半分にさき、玉ねぎは塩ふたつまみ（分量外）をふってもみ、しんなりしたら水洗いして水けを絞る。

二 ごはんに万能ねぎと玉ねぎ、いわし缶、混ぜたAをかける。

鮭フレークときのこのバターじょうゆ

きのこは、しいたけやエリンギでも。鮭フレークの塩けがあるので、しょうゆは控えめに加えます。

◎材料（1人分）

鮭フレーク（びん詰）… 大さじ3
しめじ（ほぐす）… 小 $\frac{1}{2}$ パック
スライスチーズ（ちぎる）… 1枚
A｜しょうゆ … 小さじ $1\frac{1}{2}$
｜水 … 大さじ1
バター … 小さじ2
ごはん … 茶碗に大盛り1杯分
パセリ（みじん切り）… 小さじ1

一 フライパンにバターを溶かし、しめじを中火でしんなりするまで炒め、鮭フレーク、スライスチーズ、Aを加えて汁けがなくなるまで炒める。

二 ごはんに❶、パセリをかける。

メンマとチャーシューのダブルねぎ

食べるラー油の具の歯ごたえがアクセント。普通のラー油を使う場合は、カリカリに炒めたにんにくを加えても。

◎材料（1人分）

味つきメンマ（びん詰）… 7〜8本
長ねぎ（斜め薄切り）… 10cm
A｜塩 … 小さじ $\frac{1}{3}$
｜こしょう … 少々
B｜市販のチャーシュー（ひと口大に切る）… 2枚
｜万能ねぎ（1cm幅の斜め切り）… 1本
｜市販の食べるラー油 … 小さじ $\frac{2}{3}$
ごはん … 茶碗に大盛り1杯分

一 長ねぎはAをふって混ぜ、しんなりしたら水けを絞り、Bを混ぜる。

二 ごはんにメンマ、❶をかける。

◎材料（1人分）

たくあん（5mm角に切る）… 4cm
アボカド … $1/4$ 個
長いも … 5cm
A | 削り節 … $1/2$ パック（2g）
　| しょうゆ … 小さじ1
ごはん … 茶碗に大盛り1杯分
きゅうり（薄い小口切り）… 1枚
おろしわさび … 少々

一　長いもは皮をむいてポリ袋に入れ、すりこ木などで少しかたまりが残るくらいにたたき、Aを混ぜる。アボカドは種を除いて手で皮をむき（p87参照）、1cm角に切る。

二　ごはんに❶、たくあんをかけ、きゅうりにわさびをのせて添える。

しば漬けしらすおろし

しば漬けの歯ごたえと香りがしらすを引き立てます。大根おろしをたっぷりかけると、のどごしがよくなります。

アボたくたたき長いも

アボカドをまぐろの代わりに使って、「アボたく」と名づけました。たたき長いもも一緒にかけて、するするっといただきます。

◎材料（1人分）

しば漬け（粗く刻む）… 大さじ2
しらす … 大さじ4
大根おろし（水けを軽く絞る）… $1/2$ カップ＊
黒いりごま … 小さじ1
しょうゆ … 少々
ごはん … 茶碗に大盛り1杯分
＊あれば「鬼おろし」（p92参照）ですりおろす

一　ごはんに黒ごまとしば漬け、大根おろし、しらす、しょうゆをかける。

高菜炒め明太子

高菜漬けはごま油で炒めると、
酸味がほどよく飛んで
うまみがぐっと増します。
相性のよい明太子を
どーんと1本のせて食べましょう。

◎材料（1人分）

高菜漬け（みじん切り）… 50g
しょうゆ … 小さじ½
ごま油 … 小さじ1
明太子 … ½腹（1本・30g）
ごはん … 茶碗に大盛り1杯分

一 フライパンにごま油を熱し、高菜漬けを中火でさっと炒め、しょうゆをからめる。

二 ごはんに❶、食べやすく切った明太子をかける。

かけずしオンパレード

ツナと玉ねぎスライス

◎材料（1人分）

ツナ缶（汁けをきる）… 小 1/2 缶（40g）
玉ねぎ（薄切り）… 1/4 個
しょうが（せん切り）… 薄切り 3枚
青じそ … 2枚
すしめし（右下参照）… 1人分
マヨネーズ、七味唐辛子 … 各少々

一 玉ねぎは塩ふたつまみ（分量外）をふってもみ、しんなりしたら水けを絞る。

二 すしめしにしょうがと❶、ツナ（青じそを敷いて）、マヨネーズ、七味唐辛子をかける。

ハムきゅうりコーン

◎材料（1人分）

ハム（1cm角に切る）… 2枚
きゅうり（小口切り）… 1/2 本
ホールコーン … 大さじ3
塩 … 少々
すしめし（右下参照）… 1人分

一 きゅうりは塩ひとつまみ（分量外）をふってもみ、しんなりしたら水けを絞る。すしめしにコーン、ハムとともにかけ、塩をふる。

焼き鮭ゆかり

◎材料（1人分）

塩鮭の切り身 … 1枚
野沢菜漬け（細かく刻む）… 大さじ3
ゆかり … 小さじ 2/3
すしめし（右参照）… 1人分

一 鮭は魚焼きグリルでこんがりと焼き、骨と皮をとってほぐし、野沢菜と混ぜる。すしめしにゆかりとともにかける。

すしめしの作り方

材料（1人分）
ごはん … 茶碗に大盛り1杯分
A｜酢 … 大さじ1
　｜砂糖 … 小さじ2
　｜塩 … ひとつまみ

❶ ごはんによく混ぜたAを回しかける。

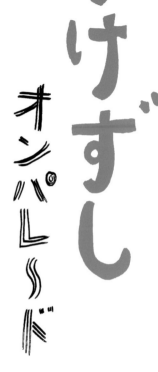

えびフライタルタル

◎材料（1人分）

えびフライ … 大1本
レタス（せん切り）… ½枚
きゅうり（せん切り）… 5cm
A｜玉ねぎ（みじん切り）… 大さじ2
　｜マヨネーズ … 小さじ2
　｜塩 … ひとつまみ
すしめし（右ページ参照）… 1人分

一　Aは合わせて5分おく。すしめしにレタスときゅうり、食べやすく切ったえびフライ、Aをかける。

いり卵とチャーシュー

◎材料（1人分）

A｜卵 … 1個
　｜砂糖 … 小さじ1
　｜塩 … ひとつまみ
サラダ油 … 小さじ½
市販のチャーシュー（せん切り）… 2枚
万能ねぎ（斜め薄切り）… 1本
すしめし（右ページ参照）… 1人分
白いりごま … 少々

一　フライパンにサラダ油を中火で熱し、混ぜたAを流し入れ、大きく混ぜていり卵を作る。

二　すしめしに万能ねぎ、❶、チャーシュー、白ごまをかける。

しらすオリーブオイル

◎材料（1人分）

しらす … 大さじ2
青じそ（せん切り）… 2枚
プチトマト（縦4等分に切る）… 2個
A｜レモン汁 … 小さじ2
　｜オリーブ油 … 小さじ1
　｜塩 … 小さじ⅓
　｜こしょう … 少々
ごはん … 茶碗に大盛り1杯分
レモン … 適量

一　ごはんによく混ぜたAを回しかけ、青じそ、プチトマト、しらすをかけ、レモンを添える。

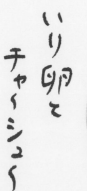

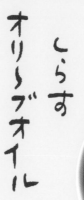

えび万能ねぎ炒め

◎材料（1人分）

殻つきえび（ブラックタイガーなど）
　… 小5尾
万能ねぎ（5cm長さに切る）… 4本
A｜しょうゆ … 小さじ1
　｜塩、粗びき黒こしょう … 各少々
バター … 小さじ1
スライスチーズ … 1枚
すしめし（p100参照）… 1人分
粗びき黒こしょう … 少々

一　えびは背ワタをとって殻をむき、半分に切り、バターを溶かしたフライパンで万能ねぎとともにさっと炒め、Aをからめる。

二　すしめしにスライスチーズ、❶、黒こしょうをかける。

焼きたらこ野沢菜

◎材料（1人分）

たらこ … 1/4腹（1/2本・15g）
野沢菜漬け（細かく刻む）… 大さじ3
すしめし（p100参照）… 1人分

一　たらこはアルミホイルにのせ、オーブントースターで5分焼いて粗くほぐす。すしめしに野沢菜とともにかける。

明太子とコロコロ長いも

◎材料（1人分）

明太子（薄皮をとる）… 大さじ2
長いも（5mm角に切る）… 3cm
焼きのり（ちぎる）… 全形1/2枚
すしめし（p100参照）… 1人分
おろしわさび … 少々

一　すしめしにのり、長いも、明太子をかけ、わさびを添える。

四、魚かけ丼

魚といっても、たこやいか、えびなど
すぐに火が通るものばかり。
しらすやたらこ、削り節、ちくわなど、
気楽に使えるものも、バンバン活用します。
手早く作って、ささっとおいしくいただきましょう。

ねこめし玉ねぎマヨ

おかかごはんによく合う玉ねぎマヨネーズは、作っておくとポテトサラダ、ツナサラダなどがすぐにできて便利です。冷蔵室で2週間くらい保存できます。

◎材料(1人分)

- A 削り節 … 1/2パック(2g)
- しょうゆ … 小さじ2
- 焼きのり(ちぎる)… 全形1/2枚
- B 玉ねぎ(みじん切り)… 大さじ1
- マヨネーズ … 小さじ2
- ごはん … 茶碗に大盛り1杯分
- 七味唐辛子 … 少々

一 Bは合わせて5分おく。

二 ごはんにAを混ぜ、のり、B、七味唐辛子をかける。

卵もだし汁も使わないで作るとろろです。
削り節のうまみを足して、
調味料はしょうゆだけ。
長いもの味がいちばんわかる食べ方です。

◎材料（1人分）

A　削り節 … $\frac{1}{2}$ パック（2g）
　 しょうゆ … 小さじ2
長いも … 5cm
ごはん … 茶碗に大盛り1杯分

一　長いもは皮をむいてすりおろし、Aを混ぜ、ごはんにかける。好みで温泉卵をのせてもおいしい。

生の本わさびが手に入ったら、
ぜひ作ってください。
香りが断然違います。
おにぎりの具に、日本酒のつまみにも。

◎材料（1人分）

A　削り節 … $\frac{1}{2}$ パック（2g）
　 しょうゆ、おろしわさび … 各小さじ1
きゅうり（せん切り）… 5cm
ごはん … 茶碗に大盛り1杯分

一　ごはんに混ぜたA、きゅうりをかける。

しらすゆかりおろし

梅の香りと酸味、大根おろしの水分が、ごはんを食べやすくしてくれます。夏場の暑い日、元気のない日でも、するするお腹に入ります。

◎材料(1人分)

しらす … 大さじ4
A　大根おろし(水けを軽く絞る)… 1/2カップ
　　ゆかり … 小さじ1
青じそ(みじん切り)… 3枚
梅干し(種をとってたたく)… 1個
ごはん … 茶碗に大盛り1杯分

一　ごはんに青じそ、混ぜたA、しらす、梅干しをかける。好みでしょうゆをかけて食べる。

しらすきゅうりもみ

きゅうりはもまずにしんなりさせると、シャキッと仕上がります。やさしく水けを絞るのもコツです。

◎材料(1人分)

しらす … 大さじ4
きゅうり(薄い小口切り)… 1本
ポン酢じょうゆ … 大さじ2
ごはん … 茶碗に大盛り1杯分
レモン … 適量

一　きゅうりは塩ふたつまみ(分量外)をふってしばらくおき、しんなりしたら水けを絞り、しらすを混ぜる。

二　ごはんに❶、ポン酢じょうゆをかけ、レモンを添える。

サーモンとクリームチーズ

この組み合わせは、
わさびじょうゆでいただくと
驚くほどのおいしさです。
ごはんにかけずに
前菜としてそのまま食べても、
もちろんいけます。

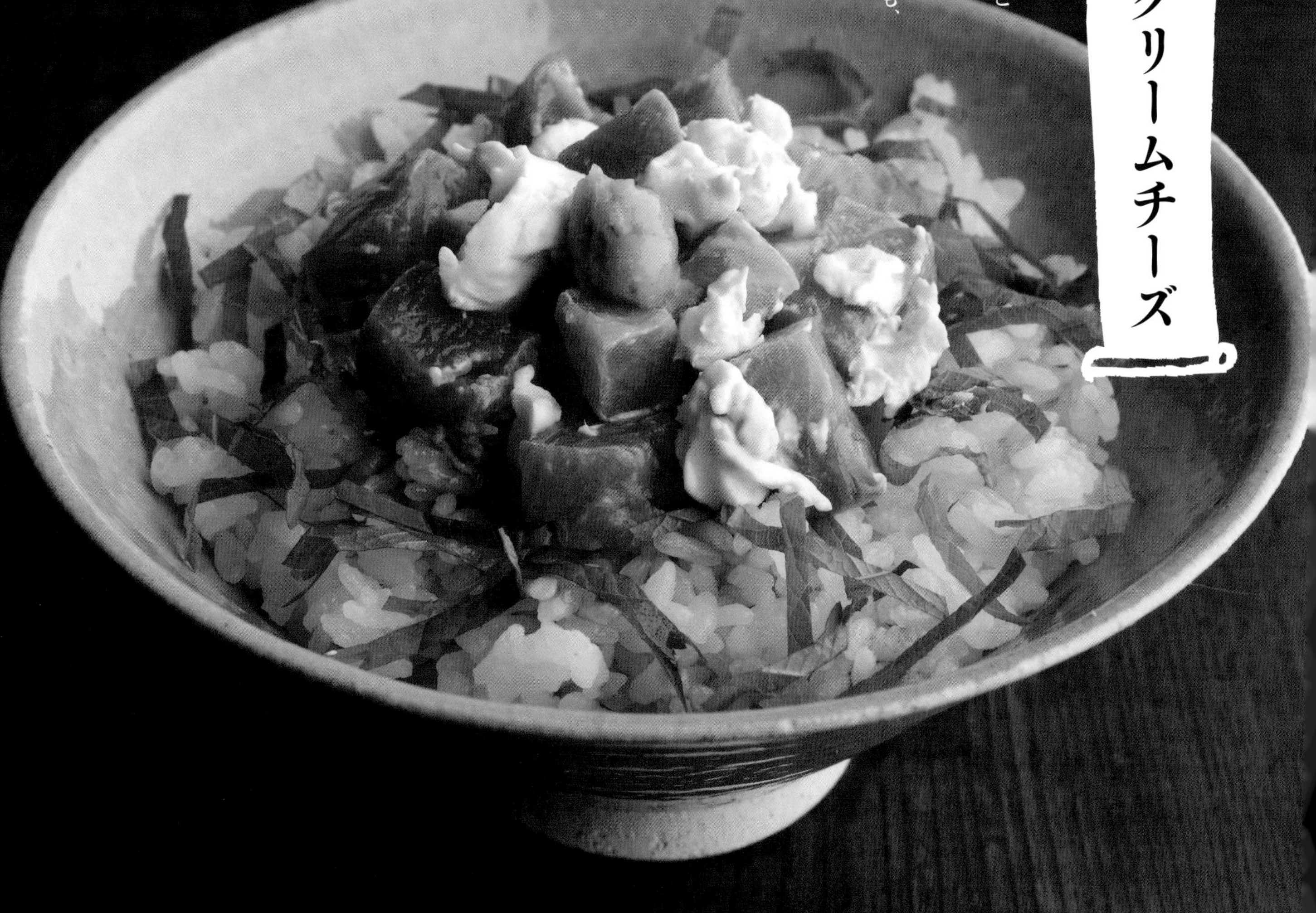

◎材料(1人分)

- サーモンの刺身 … 小 1/3 さく(50g)
- クリームチーズ … 1個(18g)

青じそ(せん切り)… 2枚
しょうゆ … 小さじ2
ごはん … 茶碗に大盛り1杯分
おろしわさび … 小さじ 1/2

一　サーモンは 1.5cm角に切り、室温に戻してやわらかく練ったクリームチーズを加え、ざっと混ぜる。

二　ごはんに青じそ、❶、しょうゆをかけ、わさびを添える。

たことトマトのバジル炒め

たこはフライパンに入れたら、温める程度にさっと炒めます。火を通しすぎると、かたくなるので注意して。

◎材料（1人分）

- A
  - ゆでだこの足（小さめのぶつ切り）…大$\frac{1}{2}$本（70g）
  - トマト（ひと口大に切る）…$\frac{1}{2}$個
- B
  - しょうゆ…小さじ2
  - 塩、粗びき黒こしょう…各少々
- C
  - にんにく（みじん切り）…1かけ
  - オリーブ油…小さじ2
- スライスチーズ…1枚
- バジルの葉（ちぎる）…3枚
- ごはん…茶碗に大盛り1杯分
- 粗びき黒こしょう…少々

一　フライパンにCを入れて中火にかけ、香りが出たらAを加えて強火でさっと炒め、Bをからめる。

二　ごはんにスライスチーズ、❶、黒こしょう、バジルをかける。

たこのコチュジャンあえ

韓国の調味料・コチュジャンをベースにしたちょっと辛めの甘辛味であえました。まぐろやかつお、いかの刺身でも合います。

◎材料（1人分）

- ゆでだこの足…$\frac{1}{2}$本（50g）
- A
  - コチュジャン、しょうゆ、ごま油…各小さじ1
  - にんにく（すりおろす）…小さじ$\frac{1}{4}$
  - こしょう…少々
- 万能ねぎ（小口切り）…2本
- ごはん…茶碗に大盛り1杯分

一　たこは薄い小口切りにし、Aであえる。ごはんに万能ねぎとともにかける。

焼き鮭と塩もみ大根

塩でもんだ大根が、シャキシャキとした歯ごたえです。
青じそも混ぜて、脂がのった塩鮭を
さわやかに食べる工夫です。

◎材料（1人分）

塩鮭の切り身 … 1枚
大根（せん切り）… 2cm
青じそ（せん切り）… 2枚
焼きのり（ちぎる）… 全形 $\frac{1}{2}$ 枚
ごはん … 茶碗に大盛り1杯分
レモン … 適量

一　鮭は魚焼きグリルでこんがりと焼く。大根は塩小さじ $\frac{1}{2}$（分量外）をふってもみ、しんなりしたら水けを絞り、青じそを混ぜる。

二　ごはんにのり、❶をかけ、レモンを添える。

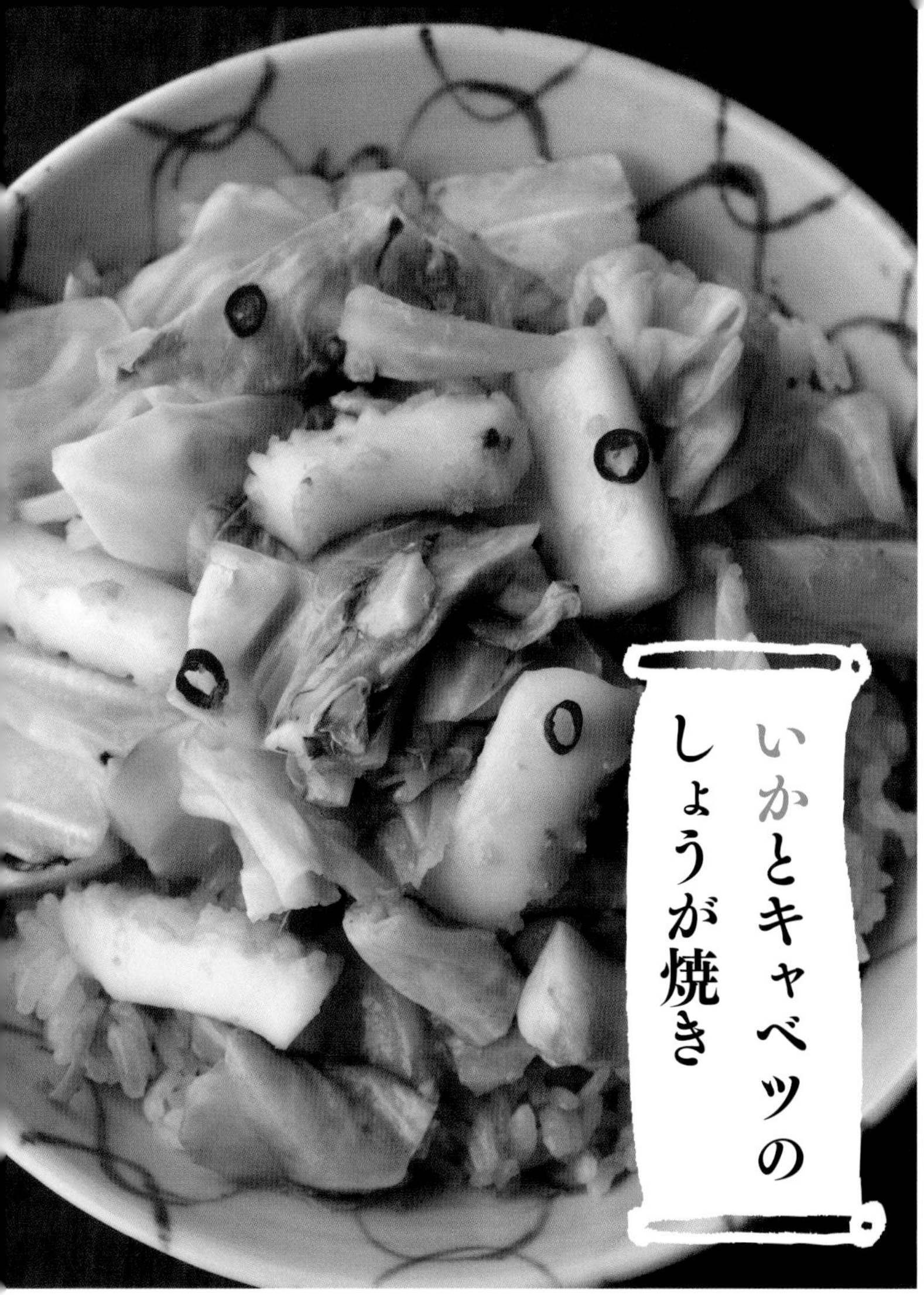

いかとキャベツのしょうが焼き

いかは、冷凍のロールいかがおすすめ。
小麦粉をまぶすと、うまみを逃さず、
そして味がよくからみます。

◎材料（1人分）

冷凍ロールいか（解凍して短冊切り・あれば切り込み入りのもの）… 60g
A　キャベツ（3cm角に切る）… 1枚
　　赤唐辛子（小口切り）… 少々
小麦粉 … 大さじ1
B　しょうが（すりおろす）、しょうゆ … 各小さじ2
　　みりん … 小さじ1
サラダ油 … 小さじ2
ごはん … 茶碗に大盛り1杯分

一　いかは小麦粉をまぶし、サラダ油を熱したフライパンでこんがり炒める。

二　片側に寄せてAをしんなり炒め、Bを強火でからめ、ごはんにかける。

韓国のりのクイックビビンパ

韓国のりをたっぷり1パック使った、手軽に作れるビビンパです。全体をよく混ぜてめし上がれ。

材料（1人分）

韓国のり（ちぎる）… 小1パック（12枚）
にら … $\frac{1}{2}$束
A｜卵 … 1個
　｜塩、こしょう … 各少々
ごま油 … 小さじ2
コチュジャン … 小さじ1
しょうゆ … 小さじ$\frac{1}{2}$
ごはん … 茶碗に大盛り1杯分
白いりごま … 少々

一　フライパンにごま油を中火で熱し、混ぜたAを流し入れ、大きく混ぜていり卵を作る。にらは塩ゆでし、ざく切りにする。

二　ごはんに韓国のり、❶、コチュジャン、しょうゆ、白ごまをかけ、全体を混ぜて食べる。

わかめとじゃこの卵炒め

わかめをごま油で炒めると、意外なおいしさです。これに豚肉を加えてもいけます。

材料（1人分）

乾燥カットわかめ（水につけて戻す）
　… 大さじ1$\frac{1}{2}$
ちりめんじゃこ … 大さじ2
長ねぎ（斜め薄切り）… 10cm
卵 … 1個
市販のめんつゆ（3倍濃縮）… 小さじ2強
ごま油 … 小さじ2
ごはん … 茶碗に大盛り1杯分

一　フライパンにごま油を熱し、長ねぎを中火でしんなりするまで炒め、じゃこ、わかめの順に炒め合わせる。

二　溶いた卵を流して大きく混ぜ、火が通ったらめんつゆをからめ、ごはんにかける。

えびとセロリの塩炒め

セロリは、歯ごたえが残る程度に
手早く炒めるのがコツです。
えびの代わりに
豚肉で作ってもおいしい。
しょうがを多めに加えるのも、
ポイントです。

◎材料(1人分)

殻つきえび(ブラックタイガーなど)… 4尾
セロリ … 1本
しょうが(せん切り)… 薄切り4枚
A｜塩 … 小さじ$\frac{1}{3}$
　｜鶏ガラスープの素 … 小さじ$\frac{1}{4}$
　｜粗びき黒こしょう … 少々
B｜片栗粉 … 小さじ$\frac{1}{3}$
　｜水 … 大さじ3
ごま油 … 小さじ2
ごはん … 茶碗に大盛り1杯分

一　えびは背ワタをとって殻をむき、半分に切る。セロリは茎は斜め薄切り、葉はざく切りにする。

二　フライパンにごま油を熱し、えびを中火で色が変わるまで炒め、セロリ、しょうがを加えて少ししんなりしたら、Aをからめる。

三　混ぜたBを加えて軽くとろみをつけ、ごはんにかける。

ソースたっぷりあじフライ

あじを1尾買ってきてフライを作る時は、三枚におろしてしまうといいです。市販の天ぷら粉を使うと、カラリと上手に揚げられますよ。

◎材料（1人分）

市販のあじフライ … 1枚
キャベツ（せん切り）… 1枚
青じそ … 2枚
ごはん … 茶碗に大盛り1杯分
ウスターソース、しば漬け、
練りがらし … 各適量

一 あじフライは食べやすく切り、ソースをたっぷりからめる。

二 ごはんにキャベツと青じそ、❶をかけ、しば漬けとからしを添える。

『あじフライの作り方』

●材料（1人分）
あじ（三枚におろしたもの）… 1尾
A｜市販の天ぷら粉、水 … 各大さじ2
パン粉、揚げ油 … 各適量

① あじはこしょう少々（分量外）をふり、混ぜたAをからめてパン粉をまぶし、中温（170℃）の揚げ油で浮き上がってくるまで揚げる。

五、肉かけ丼

しっかり食べたい時は、やっぱり肉です。
手軽にチャチャッと作って食べるなら、
さっと火が通るひき肉や、薄切り肉が便利。
ガッツリ食べたい日には、奮発して厚切り肉で。
ごはんがすすむように、甘辛味を中心にしました。

ゆで鶏のトマト薬味だれ

やわらかくゆでた鶏肉は
汁ごと冷蔵室に入れておけば、
1週間ほど保存できます。
うまみが詰まったゆで汁は、スープに利用して。

◎材料（1人分）

鶏もも肉 … 小½枚
鶏ガラスープの素 … 小さじ½

A
- トマト、セロリ（各みじん切り）… 各大さじ2
- 長ねぎ（みじん切り）… 5cm
- にんにく（すりおろす）… ¼かけ
- しょうが（すりおろす）… 小さじ1
- しょうゆ、酢 … 各小さじ2
- ごま油 … 小さじ1
- 砂糖 … 小さじ½
- 豆板醤《トウバンジャン》 … 少々

ごはん … 茶碗に大盛り1杯分
香菜《シャンツァイ》（ざく切り）… 適量

一　鍋に鶏肉、かぶるくらいの水、スープの素を入れて中火にかけ、煮立ったらアクを除き、弱火で20分ゆでる。ゆで汁の中で冷まし、鶏肉は取り出して食べやすく切る。

二　ごはんに❶、混ぜたA、香菜をかける。

鶏肉ときのこのクリーム煮

フライパンひとつでできるのに、
とってもおいしいクリーム煮です。
えびで作ってもいいし、
これにマカロニを加えれば
グラタンにもなります。

ポイント

小麦粉をふり入れたら、木ベラで混ぜながら、白い粉が見えなくなるまで炒める。

牛乳は冷たいまま加えるのが、ダマにならないコツ。少しずつではなく一気に加えて、混ぜながら煮る。

◎材料（1人分）

鶏もも肉（ひと口大に切る）… 小 $1/2$ 枚
生マッシュルーム（縦4等分に切る）… 4個
玉ねぎ（薄切り）… $1/4$ 個
小麦粉 … 大さじ1
A｜牛乳（冷たいもの）… 1カップ
　｜固形スープの素 … $1/4$ 個
バター … 小さじ2
ごはん … 茶碗に大盛り1杯分
塩、粗びき黒こしょう、パセリ（みじん切り）
　… 各適量

一 フライパンを何もひかずに熱し、塩、黒こしょう各少々をふった鶏肉を皮目から入れ、中火でこげ目がつくまで焼いて取り出す。バターを足し、玉ねぎを薄く色づくまで炒め、片側に寄せてマッシュルームを炒める。

二 鶏肉を戻し、小麦粉をふり入れて粉っぽさがなくなるまで炒め、Aを一気に加えて混ぜながら煮立たせ、とろみをつける。

三 塩、黒こしょう各少々で味を調え、ごはんにパセリ、黒こしょうとともにかける。

豚肉ともやしのジンギスカン風

たれに加えた玉ねぎのすりおろしが、
ジンギスカン風の味の決め手です。
代わりに、りんごのすりおろしでも。

◎材料(1人分)

豚薄切り肉(3cm幅に切る)
　… 4枚
もやし … 1/2 袋
パプリカ(赤・細切り)
　… 1/4 個
にら(ざく切り)… 3本
サラダ油 … 小さじ2
ごはん … 茶碗に大盛り1杯分

A
- 玉ねぎ(すりおろす)… 1/4 個
- しょうが(すりおろす)
　… 小さじ1
- にんにく(すりおろす)
　… 小さじ 1/4
- しょうゆ … 大さじ1
- ウスターソース … 小さじ2
- 砂糖 … 小さじ1

一　フライパンにサラダ油を熱し、豚肉を中火で炒め、火が通ったら野菜を加え、強火で炒め合わせる。

二　混ぜたAを加えて汁けがなくなるまで炒め、ごはんにかける。

豚肉となすのごまみそ炒め

なすはやや時間をかけて
しんなりするまで炒めると、
少ない油でもおいしく仕上がります。
たっぷりのすりごまでコクを出します。

◎材料(1人分)

豚薄切り肉(ざく切り)… 4枚
なす(斜め薄切り)… 1本

A
- みそ … 大さじ 1 1/2
- 砂糖 … 大さじ 1/2
- にんにく(粗みじん切り)… 1/2 かけ
- 白すりごま、水 … 各大さじ2

ごま油 … 大さじ1
ごはん … 茶碗に大盛り1杯分
白すりごま、万能ねぎ(小口切り)… 各適量

一　フライパンにごま油を熱し、なすを中火でしんなりするまで炒め、片側に寄せて豚肉を加え、火が通るまで炒める。

二　混ぜたAを加えて強火で炒め合わせ、ごはんにすりごま、万能ねぎとともにかける。

豚こまとキャベツのしょうが焼き

◎材料（1人分）

豚こま切れ肉 … 80g
キャベツ（ざく切り）… 1枚
玉ねぎ（薄切り）… 1/4個
A しょうが（すりおろす）… 小さじ2
　しょうゆ、水 … 各大さじ1
　片栗粉 … 小さじ1/2
サラダ油 … 小さじ1
ごはん … 茶碗に大盛り1杯分
七味唐辛子 … 少々

一　フライパンにサラダ油を熱し、豚肉を中火でこげ目がつくまで炒め、キャベツ、玉ねぎを加えてしんなりするまで炒める。

二　混ぜたAを加えて汁けがなくなるまで炒め、ごはんに七味唐辛子とともにかける。

これは、キャベツの炒め方がポイント。中火でこがさないようにじっくり炒めていくと、甘みが増して、おいしくなります。

マーボーなす

本来は赤みそで作りますが、
普通のみそでも、おいしくできます。
なすを多めの油でこんがり炒めてから
味つけすると、香ばしく仕上がります。

材料（1人分）

豚ひき肉 … 50g
なす（細長い乱切り）… 1本
A しょうが（すりおろす）… 小さじ1
　にんにく（すりおろす）… 小さじ$\frac{1}{4}$
サラダ油 … 大さじ1
ごはん … 茶碗に大盛り1杯分
豆板醤《トウバンジャン》 … 少々

B みそ … 大さじ1＊
　砂糖 … 小さじ$1\frac{1}{2}$
　オイスターソース … 小さじ1
　豆板醤《トウバンジャン》 … 小さじ$\frac{1}{4}$
　水 … 大さじ3
　片栗粉 … 小さじ$\frac{1}{3}$

＊あれば、熟成が進んだ色の濃い赤みそで。または、甜麺醤《テンメンジャン》（ただし分量の砂糖はナシに）でも

一 フライパンにサラダ油を熱し、なすを中火でこげ目がつくまで炒め、片側に寄せてひき肉を加え、パラパラになるまで炒める。

二 Aを加えてさっと炒め、混ぜたBを加えて汁けがなくなるまで炒め合わせる。ごはんにかけ、豆板醤を添える。

ポイント

なすを多めの油で香ばしく炒めてから、あいたところにひき肉を加えて炒め、そのあと炒め合わせる。

メキシカンライス風

ミートソースはオレガノを加えると、
ぐっと本格的な味に仕上がります。
チーズとアボカドもかけて、
メキシコのファストフード風です。

◎材料（1人分）

合びき肉 … 50g
A 市販のトマトソース … $\frac{1}{2}$ カップ
　固形スープの素 … $\frac{1}{2}$ 個
　オレガノ（ドライ）… 少々
塩、こしょう … 各少々
サラダ油 … 小さじ1
スライスチーズ … 1枚
アボカド … $\frac{1}{4}$ 個
ごはん … 茶碗に大盛り1杯分
粗びき黒こしょう、タバスコ … 各少々

一 アボカドは種を除いて手で皮をむき（p87参照）、薄切りにする。

二 フライパンにサラダ油を熱し、ひき肉を中火でこげ目がつくまで炒め、Aを加えて煮立たせ、塩、こしょうで味を調える。

三 ごはんにスライスチーズ、❷、アボカド、黒こしょうとタバスコをかける。

材料（1人分）

豚ひき肉 … 50g
春雨（乾燥）… 20g
A
- 長ねぎ（みじん切り）… 10cm
- しょうが（みじん切り）… 小さじ2
- にんにく（みじん切り）… 小さじ$\frac{1}{2}$

B
- 鶏ガラスープの素 … 小さじ1
- 水 … 1カップ
- しょうゆ … 小さじ2強
- 豆板醤《トウバンジャン》 … 小さじ$\frac{1}{3}$
- こしょう … 少々

C
- 片栗粉 … 小さじ2
- 水 … 大さじ1

サラダ油 … 小さじ1
ごはん … 茶碗に大盛り1杯分
万能ねぎ（小口切り）… 適量

一 春雨は熱湯で2～3分ゆで、湯をきって食べやすく切る。

二 フライパンにサラダ油を熱し、ひき肉を中火でパラパラに炒め、Aを加えてさっと炒め、B、春雨を加えて1分ほど煮る。

三 混ぜたCを加えてとろみをつけ、ごはんに万能ねぎとともにかける。

ポイント

ひき肉に味つけしたら、春雨を加えて煮る。春雨は下ゆでしておくと、芯までやわらかく、臭みも残らない。

豚ひきと春雨の炒め煮

ひき肉のうまみを春雨が吸い、とろりとした煮汁がごはんにからんで、とってもおいしい。大盛りのごはんも、ぺろりです。

六 スープかけ丼

野菜たっぷりで具だくさんのアツアツのスープを
ほかほかごはんにかけて。
スープにごはんをひたして食べてもいいし、
豪快にごはんにスープをかけて、
ワッシワッシと食べるのもいいですね。

トマトジュースのミネストローネ

うまみたっぷりのトマトジュースを使えば、
手軽においしいスープが作れます。
トマトジュースを加える前に、
野菜は十分やわらかく炒めておくのがコツです。

◎ 材料（1人分）

キャベツ（2cm角に切る）… 1枚
ベーコン（1cm角に切る）… 1枚
玉ねぎ（1cm角に切る）… 1/4 個
にんにく（薄切り）… 1/2 かけ
A ｜トマト（ざく切り）… 1/4 個
　｜トマトジュース … 1/2 カップ
　｜固形スープの素 … 1/2 個
　｜水 … 1カップ
オリーブ油 … 小さじ2
ごはん … 茶碗に大盛り1杯分
粉チーズ、粗びき黒こしょう … 各少々

一　鍋にオリーブ油、にんにくを入れて弱火にかけ、香りが出たら野菜、ベーコンを加え、中火でこがさないように5分ほど炒める。

二　Aを加えて7～8分煮、塩、こしょう各少々（分量外）で味を調える。

三　ごはんに粉チーズ、黒こしょうをふり、❷に添える。スープをごはんにかけたり、ひたしたりしながら食べる。

きのこと卵のスープ

あっという間に作れるスープです。きのこはしめじ、エリンギなど、どんなものでもおいしくできます。

材料（1人分）

- A
  - 生しいたけ（薄切り）… 2枚
  - 長ねぎ（縦4等分に切って　ぶつ切り）… $\frac{1}{2}$ 本
  - ベーコン（1cm幅に切る）… 1枚
- 卵 … 1個
- B
  - 固形スープの素 … $\frac{1}{2}$ 個
  - 水 … $1\frac{1}{2}$ カップ
  - しょうゆ … 小さじ $\frac{1}{2}$
  - 塩 … ふたつまみ
  - 粗びき黒こしょう … 少々
- バター … 小さじ 2
- ごはん … 茶碗に大盛り 1杯分

一　鍋にバターを溶かし、Aを弱火でしんなりするまで炒め、Bを加えて煮立たせ、3分ほど煮る。

二　溶いた卵を流し、大きく混ぜて火を通し、器に盛ってごはんを添える。

豚もやしのピリ辛豆乳スープ

豆乳はうまみの宝庫。最後に加えて、グラグラ煮立てないのがコツです。豆板醤《トウバンジャン》で、ピリ辛味に仕上げます。

材料（1人分）

- 豚ひき肉 … 30g
- A
  - もやし … $\frac{1}{2}$ 袋
  - 長ねぎ（みじん切り）… 10cm
  - しょうが（すりおろす）… 小さじ 1
  - にんにく（すりおろす）… 小さじ $\frac{1}{3}$
  - 白すりごま … 大さじ 2
  - しょうゆ … 小さじ 2
  - みそ、鶏ガラスープの素 … 各小さじ 1
  - 豆板醤《トウバンジャン》 … 小さじ $\frac{1}{2}$
  - 水 … 1カップ
- 豆乳（成分無調整）… $\frac{1}{2}$ カップ
- サラダ油 … 小さじ 1
- ごはん … 茶碗に大盛り 1杯分

一　鍋にサラダ油を熱し、ひき肉を中火で炒め、Aを加えて煮立たせ、豆乳を加えてひと煮する。器に盛り、ごはんを添える。

ズッキーニとトマトのカレースープ

野菜はこがさないように
じっくり、時間をかけて炒めましょう。
そのまま食べられるくらいが目安。
そうすれば、煮る時間は5分でOKです。

◎材料（1人分）

A
- ズッキーニ（2cm角に切る）… ½本
- トマト（2cm角に切る）… ½個
- ウインナ（1cm幅に切る）… 2本

玉ねぎ（薄切り）… ¼個
にんにく（薄切り）… ½かけ

B
- 固形スープの素 … ½個
- 水 … 1½カップ
- カレー粉 … 小さじ½
- 塩 … 小さじ⅓
- こしょう … 少々
- ローリエ … 1枚

オリーブ油 … 大さじ1
ごはん … 茶碗に大盛り1杯分

一　鍋にオリーブ油、にんにくを入れて弱火にかけ、香りが出たら玉ねぎを加えて薄く色づくまで炒める。Aを加えてしんなり炒め、Bを加えて5分煮る。

二　塩、こしょう各少々（分量外）で味を調え、器に盛ってごはんを添える。

韓国風牛ごまスープ

牛肉はしょうゆをまぶして炒めると、味がピシリと決まります。赤唐辛子を足して、ピリ辛味にしても。

◎材料（1人分）

牛こま切れ肉 … 60g
しょうゆ … 小さじ2

A 長ねぎ（斜め薄切り）… $\frac{1}{2}$ 本
しょうが（せん切り）… 薄切り4枚
にんにく（せん切り）… $\frac{1}{2}$ かけ

B 鶏ガラスープの素 … 小さじ1
水 … $1\frac{1}{2}$ カップ
塩 … ふたつまみ
こしょう … 少々

白すりごま … 大さじ $1\frac{1}{2}$
ごま油 … 小さじ1
ごはん … 茶碗に大盛り1杯分

一　牛肉はしょうゆをふり、軽くもむ。
鍋にごま油を熱し、Aを弱火でしんなり炒め、
牛肉を加えて火が通るまで炒める。

二　Bを加え、煮立ったらアクを除いて5分煮、
塩、こしょう各少々（分量外）で味を調え、
すりごまをふる。器に盛り、ごはんを添える。

ガーリックほうれんそうスープ

ちょっとエスニック風なスープです。にんにくは多め、ほうれんそうは、やわらかめに煮たほうがおいしいです。

◎材料（1人分）

A ほうれんそう（ざく切り）… $\frac{1}{2}$ 束
牛こま切れ肉 … 50g

B 玉ねぎ（薄切り）… $\frac{1}{4}$ 個
にんにく（みじん切り）… 1かけ

C 固形スープの素 … $\frac{1}{2}$ 個
水 … $1\frac{1}{2}$ カップ
塩 … ふたつまみ
こしょう … 少々

オリーブ油 … 小さじ2
ごはん … 茶碗に大盛り1杯分
粉チーズ … 適量

一　鍋にオリーブ油、Bを入れて弱火にかけ、
玉ねぎが薄く色づくまで炒める。
Aを加えてしんなりするまで炒め、
Cを加えて弱火で10分煮る。

二　塩、こしょう各少々（分量外）で味を調え、
器に盛って粉チーズをふり、ごはんを添える。

かんたんクラムチャウダー

小麦粉とバターを練ったものを「ブールマニエ」といい、洋風料理のとろみづけに使います。覚えておくと重宝します。

◎材料（1人分）

あさりの水煮缶 … $\frac{1}{2}$ 缶（30g）
じゃがいも（1cm角に切る）… $\frac{1}{2}$ 個
玉ねぎ（1cm角に切る）… $\frac{1}{4}$ 個
にんじん（1cm角に切る）… 2cm
ベーコン（1cm幅に切る）… $\frac{1}{2}$ 枚
A｜小麦粉、バター … 各小さじ $1\frac{1}{2}$
B｜固形スープの素 … $\frac{1}{2}$ 個
｜水 … $\frac{1}{2}$ カップ
｜あさりの缶汁 … 大さじ1
｜塩、こしょう … 各少々
牛乳 … 1カップ
バター … 小さじ1
ごはん … 茶碗に大盛り1杯分
パセリ（みじん切り）… 少々

一　鍋にバターを溶かし、野菜とベーコンを弱火で3分炒め、あさり缶とBを加えて5分煮る。

二　牛乳、練り混ぜたAを加え、混ぜながら煮てとろみをつける。器に盛ってパセリを散らし、ごはんを添える。

深川めし

東京・深川の名物ごはん。あさり入りみそ汁のぶっかけめしです。元々はあさりのむき身ですが、手軽に作れるよう缶詰を使いました。

◎材料（1人分）

A｜あさりの水煮缶 … $\frac{1}{2}$ 缶（30g）
｜長ねぎ（縦半分に切って3cm長さに切る）… $\frac{1}{4}$ 本
｜あさりの缶汁 … 大さじ1
｜だし汁 … $1\frac{1}{2}$ カップ
みそ … 大さじ $1\frac{1}{2}$ ～2
ごはん … 茶碗に大盛り1杯分
七味唐辛子 … 少々

一　鍋にAを入れて中火で煮立たせ、みそを溶いてひと煮する。ごはんにかけ、七味唐辛子をふる。

アジアンチキンスープ

シンガポールの名物料理。
本来は、鶏のスープで炊いたごはんに
蒸した鶏肉を添えますが、
ゆでた鶏肉でも、十分おいしくできます。
うまみたっぷりのゆで汁をスープにします。

◎材料(1人分)

鶏もも肉 … $\frac{1}{2}$ 枚
鶏ガラスープの素 … 小さじ1
水 … 3カップ
A | 鶏のゆで汁 … 2カップ
　塩 … 小さじ $\frac{1}{2}$
　こしょう … 少々
B | 市販のスイートチリソース 、
　　しょうが(すりおろす)、
　　しょうゆ … 各適量
香菜《シャンツァイ》(ざく切り)… 4本
ごはん … 茶碗に大盛り1杯分

一 鍋に鶏肉、スープの素、水を入れて
中火にかけ、煮立ったらアクを除き、
弱火で20分ゆでる。
ゆで汁の中で冷まし、鶏肉は取り出して
食べやすく切る。Aはひと煮立ちさせる。

二 ごはんに鶏肉をのせ、Bと香菜(少し残す)を添え、
スープにも香菜を散らす。
鶏肉にスイートチリソースや
しょうがじょうゆをつけて食べたり、
ごはんにスープをかけて食べる。

ポイント

鶏肉を弱火で20分ゆでたら、ゆで汁の中で冷ます。これで鶏肉はしっとり、やわらかく仕上がる。

瀬尾幸子（せお ゆきこ）

料理研究家。学生時代から料理研究家のアシスタントを務め、その後、独立。「今日はじめて包丁を持った人にも確実においしくできる料理を」と、無駄と無理を省いた、シンプルでうまい料理に定評がある。麺とごはんをこよなく愛し、ささっとすませたいお昼や、お酒のシメにおいしく食べられるレシピを提案。著書に『ラクなのに絶品！のっけごはん＆のっけパン170』（小社刊）、『ごはんがすすむ おかず食堂』（池田書店）、『みそ汁はおかずです』（学研プラス）、『ラクうまごはんのコツ』（新星出版社）など多数。

ささ〜っとラク麺＆だーっとかけ丼170

著　者／瀬尾幸子
編集人／足立昭子
発行人／倉次辰男
発行所／株式会社主婦と生活社
〒104-8357　東京都中央区京橋3-5-7
tel.03-3563-5321（編集部）
tel.03-3563-5121（販売部）
tel.03-3563-5125（生産部）
https://www.shufu.co.jp
ryourinohon@mb.shufu.co.jp
印刷所／凸版印刷株式会社
製本所／共同製本株式会社
ISBN978-4-391-16005-5

デザイン／小林沙織（カバー、p1-3、p128）
嶌村美里（studio nines）
撮影／木村 拓（東京料理写真）
スタイリング／大畑純子
調理アシスタント／石川葉子、寺西恵子

構成・取材／相沢ひろみ
校閲／滄流社
編集担当／芹口由佳

※本書は別冊すてきな奥さん『ひる麺１００』『かけごはん１００』を再編集・書籍化したものです。
内容は同じですので、ご注意ください。